特進

最高水準問題集

中学
英文法
英作文

文英堂

本書のねらい

いろいろなタイプの問題集が存在する中で，トップ層に特化した問題集は意外に少ないといわれます。本書はこの要望に応えて，難関高校をめざす皆さんの実力練成のために良問・難問をそろえました。本書を大いに活用して，どんな問題にぶつかっても対応できる最高レベルの実力を身につけてください。

本書の特色と使用法

国立・私立難関高校をめざす皆さんのための問題集です。実力強化にふさわしい，質の高い良問・難問を集めました。

- よく出題される形式・内容の問題をとり上げて，二度と出題されないような特殊な問題はとり上げていないので，日常学習と並行して学習できます。もちろん，入試直前期に，必要な箇所だけを深く掘り下げて学習するために本書を用いることも可能です。
- 中学で履修する内容を超えた文法事項や構文，表現を含む入試問題も掲載しました。

2

時間の都合や習熟度に応じて，学習しやすいようにさまざまな工夫をしています。

- 特に難しい問題には難マークをつけました。果敢(かかん)にチャレンジしてください。
- 問題の難易度によって3つのパート（レベル1～3）で構成されています。
- すべてのパートはさらに問題形式別に分かれています。文法項目別ではないので，入試問題に近い，より実践的な問題集と言えるでしょう。
- 「Part 1　英文法編」，「Part 2　英作文編」それぞれのパートでさまざまな文法事項を扱った問題をとり上げています。各パートのレベル1～3で，重要な文法事項を含む問題を段階的に3回，スパイラル方式でチャレンジすることになります。時間に余裕がない場合，自分のレベルに合ったところだけを重点的に学習しても，たいていの重要文法事項を含む問題にあたることができます。
- 英作文では，まず基本的な英文パターンの習得を目指します。それらの英文を応用して，自由英作文にチャレンジしてください。

3　くわしい解説つきの別冊「解答と解説」。どんな難しい問題でも解き方が必ずわかります。

- 別冊の**解答と解説**には，各問題の考え方や解き方がわかりやすく解説されています。わからない問題は，一度解説を見て方針をつかんでから，もう一度自分１人で解いてみるといった学習をお勧めします。
- まとめでは，**入試でよくねらわれる重要な文法事項や見落としやすいポイント**について解説してあります。しっかり読んで，各項目の理解を確実なものにしてください。
- また，解説には，関連する内容のまとめの参照先が示してあります。参照先の解説を読み，同じ文法事項を扱ったほかの問題にチャレンジすれば，より深い理解につながります。
- 英作文問題については，正解がひとつとは限らないので，解答例としていくつか英文を掲載しています。特に自由英作文では，ほかにも解答が考えられることが多いので，解説に示されている考え方をもとに，独自の内容の文章を作ってみてください。

本書を使用するみなさんの英語の力が上達することを強く願っています。

もくじ

Part 1　英文法 編

Part 2　英作文 編

Part 1

英文法編

レベル 1

適語選択

◆次の日本文の意味を表す英文になるように，(　　) 内から最も適当なものを選んで，記号で答えなさい。

1. あす雨が降るならば，私たちは家にいます。 (駒込高改)

We'll stay at home if it (ア rain　イ rains　ウ will rain　エ will be rained) tomorrow.

2. 学校へ行く途中で，この手紙を忘れずに出してください。 (慶應義塾志木高)

Don't forget (ア mail　イ to mail　ウ mailing) this letter on your way to school.

3. あなたがいなくなると，とてもさびしくなります。 (慶應義塾志木高)

I'll (ア remember　イ miss　ウ lose) you very much.

◆次の英文の (　　) 内に最も適当なものを下から選んで，記号で答えなさい。

4. Would you bring me (　　　)? (青雲高)

ア hot something to drink　イ to drink hot something
ウ something to drink hot　エ something hot to drink

5. You (　　　) him. (穎明館高改)

ア don't need to help　イ have not to help
ウ don't need help　エ need not to help

6. Thank you (　　　) to the party. (関西学院高)

ア for inviting me　イ to invite me
ウ for me inviting　エ for me to invite

7. Takeshi likes reading. He reads three times (　　　) as I.

ア books as many　イ as many books
ウ many as books　エ as books many (城北高)

8. He and his brother have never been to Tokyo, (　　　)?

ア isn't it　イ have they　ウ haven't they　エ have you (青雲高)

9. I have two cousins. One is a nurse. (　　　) is a teacher.

ア Other　イ Another　ウ The other　エ The others

(豊島岡女子学園高改)

着眼
2. mail 投函する
9. cousin [kʌ́zn] いとこ

10. "What do you want to do in the future?" "(　　　)" (城北高)

ア I still don't decide.　イ I'm still not deciding.

ウ I haven't decided yet.　エ I wasn't decided yet.

11. The dog is still wet. It (　　　) out of the rain. (慶應高)

ア only just comes　イ has only just been coming

ウ was only just coming　エ has only just come

12. You (　　　) be tired after your long walk. (青雲高)

ア need　イ must　ウ had better　エ had to

13. My father writes about three books (　　　), but they don't sell very well. (灘高)

ア a year　イ during year　ウ in the year　エ while a year

14. (　　　) of the students have passed the exam. (青雲高)

ア Almost　イ Every　ウ Most　エ Much

15. She can play the piano the (　　　) of all the students in her class. (城北埼玉高)

ア good　イ well　ウ better　エ best

16. Do I have to (　　　) trains at Tokyo Station? (久留米大附設高)

ア take　イ get off　ウ get on　エ change

17. (　　　) he has lived in Japan for some time, he cannot speak Japanese. (愛光高)

ア If　イ Because　ウ When　エ Though

18. The top of the mountain is covered (　　　) snow.

ア about　イ of　ウ on　エ with (江戸川学園取手高改)

19. I want to buy this now, but I don't have any money with me. Can you (　　　) tomorrow? (青雲高)

ア lend me $20 by　イ lend me $20 until

ウ borrow $20 by　エ borrow $20 until

20. He has been absent (　　　) last Sunday. (江戸川学園取手高)

ア from　イ since　ウ of　エ for

21. Please (　　　) hello to your family for me. (関西学院高)

ア say　イ speak　ウ tell　エ talk

22. *A*: How about going on a hike?
B: That (　　) like a good idea. (大阪星光学院高)
ア appears　イ becomes　ウ comes　エ sounds

23. What time will you (　　) the station? (青雲高)
ア reach at　イ get　ウ arrive　エ get to

24. I have lost my purse, so I must buy (　　). (久留米大附設高)
ア it　イ one　ウ the one　エ the other

25. Oh, your cup is empty. Will you have (　　) cup of coffee?
ア another　イ either　ウ more　エ other (立教新座高)

26. *A*: How (　　) do you go to the movies?
B: Well, once or twice a month. (高知学芸高)
ア often　イ many　ウ much　エ fast

27. You (　　) to do your homework. (駒込高改)
ア ought　イ must　ウ will　エ going

28. Taro is the (　　) of the four. (駒込高改)
ア second old　イ second older
ウ second oldest　エ older second

29. I am interested in (　　) model planes. (高知学芸高改)
ア make　イ to make　ウ making　エ made

30. We have five Suzukis in this office; one is from Tokyo and all (　　) are from Yokohama. (灘高改)
ア another　イ others　ウ the other　エ the others

31. *John*: You didn't go to Henry's party, did you?
Bill : (　　) (東海高)
ア Yes, I didn't go.　イ No, I went.
ウ Yes, I will.　エ No, I didn't.

32. He has (　　) than his sister. (青雲高)
ア many books　イ much books
ウ books more　エ more books

着眼
24. purse [pəːrs] ハンドバッグ; 財布
30. five Suzukis 5人の鈴木さん（5人の鈴木という名の人）

適語補充

◆次の日本文の意味を表す英文になるように，（　）内に適当な1語を入れなさい。

33. 彼女に会えば好きになるよ。 （広島大附高）

To see her is (　　　) (　　　) (　　　).

34. 私はあなたの本を借りたことを覚えている。 （昭和学院秀英高改）

I (　　　) (　　　) your book.

35. ケンはお父さんと川に釣りに行くのを楽しみにしている。 （大阪星光学院高）

Ken is looking (　　　) to (　　　) fishing in the river with his father.

36. いつになったら雨がやむのだろう。 （ラサール高）

I wonder when (　　　)(　　　)(　　　)(　　　).

37. 願書を送るのが間に合いませんでした。 （城西大付川越高）

I didn't send my application (　　　) (　　　).

38. 「お茶をもう1杯いかがですか」「いいえ，けっこうです」 （慶應高）

"How (　　　) (　　　) cup of tea?" "No, thank you."

39. 丘の上に立っている教会は50年前に建てられた。 （巣鴨高）

The (　　　) (　　　) on the hill was (　　　) fifty years ago.

40. それはミルクの一種ですよね。 （関西大倉高）

It is a (　　　) of milk, isn't it?

41. 暗くならないうちに家に帰ってきなさい。 （広島大附高）

You must come home (　　　) (　　　) (　　　) dark.

42. 宿題を手伝ってもらえませんか。 （広島大附高）

Will you (　　　) (　　　) (　　　) my homework?

43. 僕はいつもそんな風にしているよ。 （開成高）

That's (　　　) I always do it.

44. トムよりもジョンは話しやすい。 （大阪星光学院高）

John is easier (　　　) (　　　) (　　　) than Tom.

着眼

36. 間接疑問なので，語順に注意する。
41. 「暗くならないうち」→「暗くなる前に」と考える。

45. 彼は，妹はスキーがへただ，と言っています。 （城西大付川越高）

He says that his sister is (　　　) at (　　　).

46. 医者にはもっと運動するようにと言われました。 （城北高）

I (　　　) (　　　) by the doctor (　　　) (　　　) (　　　) exercise.

47. 彼は僕の約２倍の本をもっている。 （ラサール高）

He has about (　　　) (　　　) (　　　) (　　　) as I do.

48.「最近彼から手紙もらった?」
「うん。彼はそこで水泳を楽しんでるって書いてあったよ」 （慶應高）

"Have you (　　　) from him lately?"
"Yes. He said he enjoyed (　　　) there."

49. 通りの向こうに駐車してある車は父のです。 （慶應高）

The car (　　　) across the street is my (　　　).

50. 彼女が多くの時間をかけて書いたあの本はいくらですか。 （城北高）

How much is (　　　) (　　　) she (　　　) so much time writing?

51. 番号違いだと思いますが。何番におかけになりましたか。 （慶應高）

I'm (　　　) you have the (　　　) number. What number are you calling?

52. ジムに追いつこうと私はできるだけ速く走った。 （大阪星光学院高）

I ran as fast as possible to (　　　) (　　　) (　　　) Jim.

53. その生徒たちは，次々に走り始めた。 （豊島岡女子学園高改）

The students started running (　　　) (　　　) (　　　).

54. 男の子の中で山田君がいちばん英語を話すのが上手だ。 （広島大附高改）

(　　　) (　　　) boy can speak (　　　) (　　　) (　　　) (　　　) Mr. Yamada.

着眼

49. 参考〉駐車する park a car

54.「山田君ほど上手に英語を話す男の子はほかにいない」と考える。

55. その車の事故で10人以上が死んだ。 (城北高)

More than ten people (　　　) (　　　) (　　　) the car (　　　).

56. その車を修理してもらうのに大金がかかった。 (慶應高)

It (　　　) me a lot of money to get the car (　　　).

57. この本は多くの人に知られている。 (関西大倉高)

This book is known (　　　) many people.

58. あなたに会うのが待ち遠しい。 (広島大附高)

I can't (　　　) (　　　) (　　　) you.

59. 私のクラスのほとんどの生徒はピアノが弾けません。 (広島大附高)

(　　　) (　　　) in my class can play the piano.

60. 「どうして彼女は授業に10分も遅れたの?」「わかりません」 (慶應高)

"(　　　) (　　　) she was ten minutes late for the class?"

"I don't know."

61. 「食べ過ぎると太るよ」「よけいなお世話だよ」 (慶應高)

"If you eat too much, you'll get fat."

"That's none of (　　　) (　　　)."

62. このクラスには医者を父にもつ生徒が3人います。 (巣鴨高)

There are three students in this class (　　　) (　　　) (　　　) doctors.

63. 父の病気が重いという手紙が届いた。 (広島大附高)

I got (　　　) (　　　) (　　　) (　　　) my father was very ill.

◆次の英文の (　　) 内に適当な1語を入れなさい。

64. September is the (　　　) month of the year. (城西大付川越高)

65. If you (　　　) someone to another person, you tell them each other's names for the first time. (大阪教育大付高平野)

着眼

55. 事故や戦争などで亡くなる場合，英語では「殺された」というように受け身で表現する。

66. The "longest" word in English is "SMILES," because there is a ( ) ( ) the first and the last letters. (早稲田実業高)

67. If your father says, "I ( ) the last train last night," he couldn't catch the last train because he wasn't in ( ) for it. (早稲田実業高)

68. Japanese is the ( ) that they speak in Japan. (関西学院高)

◆次の英文の( )に，同音異義語(発音が同じで意味が異なる単語)を入れなさい。

69. (a) He was born in New York and lived ( ) all his life.
(b) Children learn a lot from ( ) parents. (成城学園高)

70. (a) ( ) your name and address here, please.
(b) It isn't ( ) to steal. (関西学院高)

71. (a) Could you give me a ( ) of paper? (成城学園高改)
(b) People all over the world hope for world ( ).

72. (a) The ( ) rises in the east and sets in the west.
(b) We have a ( ) and two daughters. (成城学園高改)

73. (a) Everyone ( ) that the earth is round.
(b) The ( ) on your face is used for smelling. (関西学院高)

74. (a) He made a snowball and ( ) it at me. (青雲高)
(b) He didn't have the key, so he had to get into the house ( ) the window.

75. (a) The visiting team ( ) the game today. (灘高)
(b) Do you have any books on gardening? I'd like to borrow ( ).

76. (a) "( ) you like some tea?" "Yes, please."
(b) This table is made of ( ). (穎明館高)

着眼

69. [ðeər] **70.** [rait] **71.** [piːs] **72.** [sʌn]
73. [nouz] **74.** [θruː]
75. 「～に勝つ」win—won [wʌn]—won [wʌn] **76.** [wud]

◆次の英文の（　　）内に共通する単語を入れなさい。

77. (a) I am (　　　　) your idea.
(b) I paid five pounds (　　　　) the book. (市川高)

78. (a) My dream of opening a little restaurant has (　　　　) true. (愛光高)
(b) Where did you (　　　　) across the famous singer?

79. (a) The (　　　　) of the trees are turning yellow.
(b) She (　　　　) London for Tokyo tomorrow.
(c) He often (　　　　) his umbrella on the train. (東海高)

80. (a) The store is on the (　　　　) side of the street.
(b) You have no (　　　　) to stop me.
(c) Let's begin (　　　　) away. (東海高)

81. (a) I've already read (　　　　) of the books he wrote. There are only three books I've not read yet.
(b) Which is the (　　　　) interesting way to travel? By boat? By car? By plane? Or by train? (穎明館高)

82. (a) He went to Africa (　　　　) a volunteer. (穎明館高)
(b) She went out (　　　　) soon as she got a phone call.

◆各英文の空所に入る1語をそれぞれ答えなさい。[A] に入る語はA群から選び，必要に応じて形を変えて書きなさい。A群の語は同じものは2度使えない。

83. Have you [　A　] (　B　) your mind what to order for lunch?

84. An American friend of mine practices [　A　] *soba* (　B　) chopsticks.

85. The news was (　B　) [　A　] for me to find the words to express my surprise.

86. I don't know why, but she said that she would stop [　A　] (　B　) me.

A群 [make / write / eat / shock / turn] (愛光高改)

着眼
77. (a) あなたの考えに賛成です。 (b) その本に5ポンドを支払った。
78. (a) 実現する (b) 偶然 出会う　**80.** (b) 権利 (c)「ただちに始めましょう」
82. (a) ボランティアとして (b)「電話連絡を受けたらすぐに彼女は外出した」

誤文選択 / 誤文訂正

87. 次の英文の中から正しい文を１つ選んで，記号で答えなさい。 (慶應高)

ア Where is the present, you bought for my birthday?
イ Where is the present you bought it for my birthday?
ウ Where is the present you bought for my birthday?
エ Where is the present that you bought it for my birthday?

◆次の英文が正しければ○を，正しくなければ×を書きなさい。

88. I laid my hand on his shoulder. (立教新座高)
89. I hope you to come to me again. (立教新座高)
90. As there was little time left, we had to start at once. (立教新座高)
91. When I have visited her, she was preparing dinner. (立教新座高)
92. You are necessary to try your best. (立教新座高)
93. Tokyo is one of the biggest city in the world. (岡山白陵高)
94. After we have walked for a long time in the sun, we finally reached the beach. (渋谷教育学園幕張高改)
95. He got a driver's license during he was in America. (立教新座高)
96. Those dogs were taken care of by her. (立教新座高)
97. I guess he'll be late for the meeting, for he always fails to come on time. (立教新座高)
98. My brother has lost his dictionary. He has to buy it. (城北高)
99. On the morning of 4th of July, she left for Brazil. (城北高)
100. You had better not go to such a place alone. (城北高)

着眼
88. lay—laid—laid ～を置く　比較〉lie—lay—lain 横になる；ある
95. license ライセンス，資格
97. for (接続詞) というのは～から
fail to 原形 ～できない

◆次の英文の下線部の誤りを訂正しなさい。ただし，誤りがなければ○を書くこと。

101. In those days, John and Matthew were in a same class.

102. I don't know if he will come tomorrow.

103. Hideki as well as Ichiro play baseball very well.

104. I remember doing my homework. In fact, I finished it a few weeks ago. （城北高）

◆次の英文の下線部の中から誤りがあるものを選んで，記号で答えなさい。また，その誤りを訂正しなさい。

105. ア I'm going イ to abroad again ウ in April エ with my parents. （城西大付川越高）

106. They ア were very イ surprised ウ at hear that he エ had lost his wallet. （城西大付川越高）

107. I ア am looking イ for the novel my sister ウ couldn't エ find it in the library. （岡山白陵高改）

108. I ア am having イ a lunch ウ at the moment. Can you エ come back オ later? （日出学園高）

109. If you ア finish イ to read the book tomorrow, ウ lend it エ to me, please. （岡山白陵高改）

110. My mother ア is always イ telling me my room must ウ keep it エ clean. （岡山白陵高改）

111. We will continue ア to work イ until it ウ will begin エ to rain. （岡山白陵高改）

112. He ア lives イ in the house ウ in that a famous artist エ lived before. （城西大付川越高）

113. The bus ア comes イ to ウ this city エ once the hour. （日出学園高）

114. ア Ten years イ are passing ウ since エ we came オ to this town. （成城学園高）

着眼

105. abroad 外国に

115. ア Each イ of these boys ウ are happy エ to meet you オ for the first time. （成城学園高）

116. ア Bats are able イ to guide them by producing sound waves ウ too high for us エ to hear. （久留米大附設高）

117. ア We heard イ you to say ウ that エ you didn't like オ to work カ on Sundays. （江戸川学園取手高）

118. ア It is イ very kind ウ of you エ to show me オ the way カ to station. （江戸川学園取手高）

119. I ア like apples イ better ウ of エ all the fruits. （駒込高）

120. 次の英文の中から下線部に誤りがある英文を選んで，記号で答えなさい。また，その誤りを訂正しなさい。ただし，答えは1語になるとは限りません。（愛光高）

ア Do you know that boy lie on the grass?

イ I made friends with a young Chinese girl.

ウ How much time do you have for lunch?

エ You have never been to Australia, have you?

オ That teacher is good at remember his students' names.

◆次の英文中の不適切な語を指摘して，同じ発音の正しい語を書きなさい。

（四天王寺高）

121. The river which runs threw Osaka is the Yodo River.

122. Be careful when you cross the rode.

123. We must do something for piece in the world.

着眼

120. オ at（前置詞）に注目して考える。

言いかえ

◆次の各組の英文がほぼ同じ意味を表すように，(　　) 内に適当な１語を入れなさい。

124. (a) It is 9:45 now.
(b) It is a (　　　) (　　　) ten now. (立教新座高)

125. (a) The famous singer's birthday is July 12. (大阪星光学院高)
(b) The famous singer was (　　　) (　　　) July 12.

126. (a) What a good singer she is!
(b) (　　　) well she (　　　)! (立教新座高)

127. (a) His father bought him a new bicycle. (成城学園高)
(b) His father bought a new bicycle (　　　) (　　　).

128. (a) Being kind to your friends is very important.
(b) (　　　) is very important (　　　) (　　　) kind to your friends. (関西学院高)

129. (a) How about going shopping with me?
(b) (　　　) (　　　) go shopping? (プール学院高)

130. (a) I don't know what I should say to you. (関西大第一高)
(b) I don't know (　　　) (　　　) say to you.

131. (a) Wash your hands before dinner. (成城学園高)
(b) You (　　　) (　　　) your hands before dinner.

132. (a) I'm very busy this evening. (広島大附高)
(b) I have a lot of things (　　　) (　　　) this evening.

133. (a) He is not old enough to travel alone.
(b) He is (　　　) (　　　) to travel alone. (青雲高)

134. (a) None of the students could solve the problem.
(b) (　　　) (　　　) (　　　) (　　　) any of the students to solve the problem. (立教新座高改)

135. (a) Did your father make these chairs? (城北埼玉高)
(b) (　　　) these chairs (　　　) (　　　) your father?

着眼

126. a good singer は必ずしも「よい歌手」ではなく「歌がうまい人」の意味。
134. 時制に注意しよう。

136. (a) He has so much money that he can buy that expensive car.
(b) He is (　　　) (　　　) to buy that expensive car. （清風南海高）

137. (a) Mr. Jackson died six months ago. （清風南海高）
(b) Mr. Jackson has (　　　) (　　　) (　　　) six months.

138. (a) Keiko said nothing and walked out of the room. （関西大第一高）
(b) Keiko walked out of the room (　　　) (　　　) anything.

139. (a) Don't forget to turn off the light before you go out. （青雲高）
(b) Remember to turn off the light before (　　　) out.

140. (a) She took pictures. They were very beautiful. （清風高改）
(b) The pictures (　　　) (　　　) her (　　　) very beautiful.

141. (a) My father is 52 years old. My mother is 49 years old.
(b) My mother is (　　　) (　　　) (　　　) than my father. （関西学院高）

142. (a) We were very pleased with the peaches. My grandfather in Okayama sent them to us. （青雲高）
(b) We were very pleased with the peaches (　　　) (　　　) sent to us by my grandfather in Okayama.

143. (a) I don't know why the earth is getting warmer and warmer.
(b) I have (　　　) (　　　) why the earth is getting warmer and warmer. （市川高改）

144. (a) Taro helps me. I help him, too.
(b) Taro and I help (　　　) (　　　). （高知学芸高）

145. (a) John was late for class this morning. （穎明館高）
(b) John was not (　　　) (　　　) for class this morning.

着眼
137. has に着目して現在完了にする。
139. (a) の before は接続詞，(b) の before は前置詞。
140. her に着目して，前の２つの空所を考える。

146. (a) You don't have to finish your homework by Monday.
(b) It isn't (　　　) (　　　) (　　　) to finish your homework by Monday. (城北高)

147. (a) While I was staying in London, I visited the museum.
(b) (　　　) my stay in London, I visited the museum. (青雲高)

148. (a) My sister said to me, "Please tell me the truth."
(b) My sister (　　　) me (　　　) (　　　) her the truth. (関西大第一高改)

149. (a) If you take this medicine, you will feel better. (清風南海高)
(b) (　　　) this medicine, (　　　) you will feel better.

150. (a) Why did she become so angry?
(b) (　　　) (　　　) her so angry? (城西大付川越高)

151. (a) If you walk every day, you will be healthier. (城北高)
(b) (　　　) every day will (　　　) (　　　) healthier.

152. (a) If you get on this bus, you'll be able to go to the museum. (城北高)
(b) This bus (　　　) (　　　) you to the museum.

153. (a) How many windows are there in this room?
(b) How many windows does (　　　) (　　　) (　　　)? (久留米大附設高)

154. (a) Do you want me to turn down the radio?
(b) (　　　) (　　　) turn down the radio? (広島大附高)

155. (a) I was good at skiing when I was a boy and I can still ski well now.
(b) I (　　　) (　　　) (　　　) at skiing since I was a boy. (関西学院高)

156. (a) It's a long time since I saw my brother last. (成城学園高)
(b) I (　　　) (　　　) my brother for a long time.

着眼
147. (b) の stay は名詞なので，空所には前置詞を入れる。
151. will に着目して，最初の空所には主語になる語を入れる。

157. (a) John and Sarah went to the hospital to see their friend and came back just now.
(b) John and Sarah have (　　　) (　　　) the hospital to see their friend. (城北埼玉高)

158. (a) Alice went to Paris. She's not here now.
(b) Alice (　　　) (　　　) (　　　) Paris. (プール学院高)

159. (a) Shall I wait till you finish your homework?
(b) Do you want (　　　) (　　　) wait till you finish your homework? (慶應義塾志木高)

160. (a) The girl had no clothes for the summer festival. (立教新座高)
(b) The girl had (　　　) to (　　　) for the summer festival.

161. (a) She was kind. She showed us the way to the city hall.
(b) It was (　　　) (　　　) (　　　) to show us the way to the city hall. (穎明館高)

162. (a) He was angry with me because I was late.
(b) He was angry with me for (　　　) late. (市川高)

163. (a) I was encouraged by the letter.
(b) The letter was (　　　) (　　　) me. (立教新座高)

164. (a) She plays the piano better than any other girl in her school.
(b) (　　　) other girl in her school plays the piano as (　　　) as she. (清風南海高)

165. (a) This is the most interesting book I have ever read.
(b) I have never read (　　　) (　　　) (　　　) (　　　) as this. (城北高)

166. (a) It was very late and we couldn't do anything. (穎明館高)
(b) It was very late and (　　　) (　　　) be done.

167. (a) Meg wrote a letter and Bob got the letter. (関西学院高)
(b) A letter (　　　) (　　　) (　　　) Bob by Meg.

168. (a) How did Jim catch the insect? (プール学院高)
(b) (　　　) (　　　) the insect (　　　) by Jim?

169. (a) Who broke this vase? （久留米大附設高）
(b) (　　　) (　　　) this vase broken (　　　)?

170. (a) I have never visited this town before.
(b) This is my (　　　) (　　　) to this town. （青雲高）

171. (a) I haven't brought any money today. （立教新座高）
(b) I have (　　　) money (　　　) me today.

172. (a) Time is the most precious thing.
(b) (　　　) is so precious (　　　) time. （城西大付川越高）

173. (a) My suitcase is (　　　) as big as yours.
(b) Your suitcase is half the (　　　) of mine. （立教新座高）

174. (a) He is the cleverest boy in our class.
(b) (　　　) (　　　) (　　　) in our class is cleverer than he. （市川高）

175. (a) I had to go to bed early because my mother told me to.
(b) My mother (　　　) (　　　) (　　　) to bed early. （慶應高）

176. (a) Ellen can sing better than Cathy.
(b) Cathy (　　　) sing as (　　　) as Ellen. （穎明館高）

177. (a) Lake Baikal is the deepest in the world.
(b) Lake Baikal is (　　　) (　　　) any (　　　) (　　　) in the world. （久留米大附設高改）

178. (a) I don't know her favorite food. （清風高）
(b) I don't know what (　　　) she (　　　) best.

難▶**179.** (a) She must look after the children all day long.
(b) The children must (　　　) (　　　) (　　　) of (　　　) her all day long. （慶應高改）

難▶**180.** (a) I didn't think this movie would be so interesting. （立教新座高）
(b) This movie was (　　　) interesting than I (　　　).

着眼
170. visit to ～ で「～への訪問」の意味。この場合，visit は名詞。
172.「時ほど貴重なものはなにもない」と考える。
177. Lake Baikal バイカル湖（ロシア・シベリア南東部にある世界最深の淡水湖。最大深度1620メートル）　**178.** what のあとの語順に注意する。

並べかえ

◆次の日本文の意味を表す英文になるように，（　　）内の語句（と符号）を並べかえなさい。

181. 僕は彼女を見送りにバス停まで行ってきたところです。（大阪星光学院高）

I've (the bus stop / her / to / just / to / off / been / see).

182. 私は何か温かいものが食べたい。（成城学園高）

(to / something / would / hot / I / like) eat.

183. 父が到着したら，すぐにそのことをたずねます。（桐蔭学園高）

I will (arrives / as he / when / about / as / my father / soon / ask / it).　［1語不要］

184. 簡単な日本語で書かれた物語を読んでみたらどうですか。（穎明館高）

(about / a story / easy / how / in / Japanese / reading / written)?

185. このおいしい食べ物はフランス語で何と言いますか。（成城学園高）

(is / this / in / called / delicious / what / food) French?

186. カメラ，どこで修理してもらったの?（青雲高）

(have / where / your camera / you / fixed / did)?

187. 彼がその仕事を明日までに仕上げることが大切です。（青雲高）

(the work / tomorrow / is / him / for / important / it / to / by / finish).

188. その先生は君にどうしなさいと言ったのですか。（四天王寺高改）

(do / tell / what / the teacher / did / to / you)?

189. 私は弟にとても腹を立て，今日は弟と口をきかなかった。（成城学園高）

My brother (speak / that / I / me / angry / didn't / made / so) to him today.

190. 私は春休みに東京の友人の1人を訪ねるつもりです。（四天王寺高改）

(visit / of / going / mine / to / in / during / I'm / a / the / Tokyo / friend) spring vacation.

191. 京都には訪れるべき美しい場所がたくさんある。（清風高）

(beautiful / lot / to / Kyoto / a / visit / places / of).　［1語不足］

着眼

181. see Ⓐ off　Ⓐを見送る　　**182.** **4** 参照　　**183.** **82** (b) 参照

192. 一人旅をするときは気をつけてくださいね。 (岡山白陵高改)

(you / be / travel / want / I / alone / when / careful / you).

［1語不足］

193. 明日までにしなくちゃいけない宿題手伝ってくれるかい。 (白陵高)

(finish / help / I / me / must / with / by tomorrow / can you / the homework)?

194. その数学の先生の名前を覚えている生徒はほとんどいません。 (清風高)

(students / the math teacher / the name / of / remember).

［1語不足］

195. コーヒーをもう1杯いかがですか。 (穎明館高)

(coffee / you / will / cup / have / of)? ［1語不足］

196. アンドリューからの贈り物にジェーンはわくわくした。 (土佐高)

(sent / Jane / made / the / excited / exciting / gift / by / Andrew). ［1語不要］

197. 朝早く散歩することほどさわやかなことはない。 (四天王寺高改)

(a walk/ as / as / is / refreshing / taking) early in the morning. ［1語不足］

198. 彼はだれもが知っている俳優です。 (法政大第二高)

(is / is / known / actor / an / everyone / he / to). ［1語不足］

199. 京都は美しい建物があることで有名だ。 (清風高)

(is / its / Kyoto / buildings / famous / beautiful). ［1語不足］

200. 援助の必要な子どもに多額の金が与えられるだろう。 (白陵高)

(given / help / need / to / who / the children / will be / a lot of money).

201. 一郎は家に帰って初めてそのニュースを知った。 (京都教育大学附高)

(the news / he / home / know / Ichiro / didn't / got). ［1語不足］

202. 彼が何を言っても彼女は怒る。 (青雲高)

Everything (mad / makes / he / her / says).

203. この本を読めばどこでその植物を見つけられるかわかるでしょう。 (洛南高)

(the plant / us / to / this book / find / tell / will). ［1語不足］

着眼

201. 「家に帰るまでそのニュースを知らなかった」と考える。

204. 私のいとこはもう10年以上も外国に住んでいます。 (穎明館高)

(a foreign country / lived / cousin / for / has / in / more / my / ten / than / years).

205. その本棚の本はみんな難しい。 (白陵高)

(all / are / books / difficult / the / to / understand / on the shelf).

206. 割れたガラスに触れないように気をつけてください。 (法政大第二高)

(the / to / glass / careful / not / touch / be / broken).

207. ピアノは毎日練習することが必要ですよね。 (青雲高)

(every day / necessary / the piano / isn't / it / practice / is / to / it / ,)?

208. 近いうちに彼から便りが来るのを楽しみにしています。 (城西大付川越高)

I (am / forward / from / hearing / him / looking / soon / to).

209. 庭で食事するには今日は少し寒いと思う。 (大阪星光学院高)

I (enough / for / is / think / warm / it / don't) lunch in the yard today.

210. このごろは何でも以前よりずっと値段が高くなっている。 (城西大付川越高)

Nowadays (everything / expensive / is / it / more / much / than / was).

211. 彼女の顔つきを見れば，君に恋しているのがわかります。 (穎明館高)

(look / loves / tells / that / she / her / you / you).

212. 「光陰矢のごとし」というのは周知の事実です。 (穎明館高)

(an arrow / everyone / flies / knows / like / that / time).

213. 彼女は親切にも私に郵便局へ行く道を教えてくれました。 (桐蔭学園高)

She (kind / me / to / show / so / enough / the / was) way to the post office. ［1語不要］

214. あの車を駐車した人はぜんぜんマナーを知らない。 (城西大付川越高)

The person (all / at / car / has / manners / no / parked / that / who).

着眼

210. nowadays［náuədeiz］このごろは

215. 私たちの先生があのお寺は建てられて1,000年以上たっていると話したのを私は覚えています。（穎明館高）

(I / more / old / our / remember / said / teacher / temple / than / that / was / 1,000 years).

216. ジョンが壊した窓からだれかが家に入った。（京都教育大学附高）

(through / by / someone / John / the house / into / the window / went).　[1語不足]

217. 村に犬と暮らす老婆がいた。（白陵高）

(in / living / there / was / with / her dog / an old woman) the village.

218. 私はUFOが空を飛んでいるのを見たことがありますが，だれにも話してません。

I (never / sky / a / it / but / the / seen / about / flying / told / have / in / UFO / anybody).（早稲田実業高改）

219. あの老婦人を見かけるといつも祖母を思い出す。（開成高）

I (thinking / without / cannot / of / see / my grandmother / that old woman).

220. 屋根が向こうに見える家はトムの家です。（桐蔭学園高改）

The (roof / is / see / there / house / you / whose / can / over) is Tom's.　[1語不要]

221. メアリーは5時までおばさんに面倒を見てもらいます。（大阪星光学院高改）

Mary (taken / five / her aunt / o'clock / by / of / be / care / will / until).

222. 私はこれまでに彼ほど優秀な生徒を教えたことがありません。（中央大杉並高）

I (as / have / is / a student / bright / taught / who / never / cleverer) as him.　[1語不要]

223. ご相談したいことがありますので，今度の土曜日におうかがいしてもよろしいでしょうか。（桐蔭学園高改）

(to / at / talk / on / call / something / may I / about / with you / as / I have / ,) you next Saturday?　[1語不要]

着眼

221. 96, 179 参照

223. call on 人　人を訪問する　比較〉call at 場所　場所を訪問する

224. 彼女は自分が行った都市の地図を保存している。 (早稲田実業高)

(maps / visited / went / kept / cities / has / she / she / the / the / of / that). ［1語不要］

225. 今朝 私が見つけたノートには名前がない。 (中央大杉並高改)

(it / I / found / has / the notebook / on / of / name / no / this morning). ［1語不要］

226. その弁護士が書いた本を読んで，私は法律に興味をもった。 (中央大杉並高改)

(I / by / interested in / me / written / made / a book / law / that lawyer). ［1語不要］

227. この箱より少し大きな箱を見かけませんでしたか。 (桐蔭学園高改)

(seen / one / looked / haven't / a little / box / you / a / bigger / this / than)? ［1語不要］

228. 私は騒がしい群集の中で自分の名前が呼ばれるのが聞こえなかった。

I couldn't (because / called / crowd / hear / my / name / noisy / of / someone / the). ［1語不要］ (大阪星光学院高)

229. 宿題をすませないと外へ行ってはだめよ。 (大阪星光学院高)

You (after / finish / go / homework / not / should / out / until / you / your). ［1語不要］

230. あの木の橋は100年前に建設されたものです。 (立教新座高)

(that / built / made / was / bridge / wood) 100 years ago. ［1語不足］

231. 彼の部屋は，一度に５人以上入れるほど広くはない。 (城北高)

His room isn't (in it / more than / people / have / to / big / five) at one time. ［1語不足］

232. 英語を話すとき間違いを恐れてはいけません。 (立教新座高)

(speaking / afraid / making / don't / of / in / be / mistakes) English.

233. 先週 私はあの新しい店でコンピュータを修理してもらった。 (開成高)

Last week I (at / computer / my / repaired / that) new shop. ［1語不足］

着眼

227. 否定の疑問文。

232. in ～ing ～するときに，～する際に

234. お名前は何とおっしゃいましたっけ。（開成高）

What (you / did / was / your name / say)?

235. あとどれくらい待たなければいけないのですか。（開成高）

How (do / have / I / longer / to / wait)? ［1語不足］

236. 大きなかばんを運びながら道路を渡っている少年をごらんなさい。（穎明館高）

(a large bag / the boy / the road / at / across / look). ［1語不足］

237. いつものように，成田空港は何千という人々で混雑していた。（城北高）

Narita Airport (thousands / was / people / usual / of / with / as). ［1語不足］

238. 僕たちの学校はあなたたちの学校の3倍の生徒がいる。（城西大付川越高改）

Our school (as / as / has / many / students / three / times). ［1語不足］

239. フレッドは宿題を終えた後に映画へ出かけた。（開成高）

Fred (after / finished / movies / the / to / went) his homework. ［1語不足］

240. 毎日だれといっしょに学校に通っているの?（穎明館高）

(you / every day / to / go / do / school / who)? ［1語不足］

241. どのくらいしたら出発の準備ができますか。（城北高）

(ready / start / you / how / to / be / will)? ［1語不足］

242. 月には水も空気もありません。（城西大付川越高）

There (air / is / moon / neither / on / the / water). ［1語不足］

243. 僕たちの仲間に加わるようにジョージに頼んでみたら?（穎明館高）

(George / us / you / ask / don't / join / to)? ［1語不足］

244. ますます多くの人がその薬によって救われています。（立教新座高）

(the / more / saved / people / more / and / by / have) medicine. ［1語不足］

難 **245.** 彼は，多くの人々がその手紙にがっかりしたことがわかりました。（青雲高）

(with / found / the letter / many people / he / disappointed).

着眼

241.「どのくらいしたら」→「どれくらいすぐに」と考える。疑問文の語順に注意。

243. don't の使い方を考える。

難▶**246.** 地球温暖化ほど，議論するのに重要な問題はありません。 (青雲高)

(the problem / important / as / is / of / discuss / as / to / global warming / nothing).

難▶**247.** 地図をもった少年が最初に塔のてっぺんに着きました。 (早稲田実業高)

(to / at / with / of / a / the / was / boy / a / top / arrive / the / map / first) the tower.

難▶**248.** ハリーが，スコットランドで買ったセーターとそこで撮った写真を見せてくれることになっています。 (早稲田実業高)

(taken / Scotland / he / me / a / some / bought / and / show / pictures / Harry / in / sweater / will) there.

難▶**249.** アメリカにいるとき，君はだれの家に住んでいましたか。 (清風高)

(you / you / live / when / house / whose / did / were) in America? ［1語不足］

◆（　）内の語を並べかえて英文を完成しなさい。ただし，不足する1語をア～エから選んで補充すること。 (早稲田実業高改)

250. I get tired very easily. (years / this / ago / wasn't / few / I / a)

ア shut　イ last　ウ cut　エ like

251. It snowed very heavily and the airport was closed. (to / nights / we / in / for / London / had / two)

ア miss　イ spend　ウ stay　エ waste

252. Come and stay with us this weekend. (daughter / you / don't / your / forget / with / to)

ア bring　イ introduce　ウ leave　エ impress

着眼

246.「地球温暖化の問題」the problem of global warming

レベル 2

適語選択

◆次の英文の（　　）内に最も適当なものを下から選んで，記号で答えなさい。

253. I'll drive (　　　). (関西学院高)

ア you home　　イ you to home
ウ home to you　　エ you for home

254. Five days (　　　) since I saw my son last. (関西学院高)

ア have passing　　イ were passed
ウ have passed　　エ were passing

255. (　　　) in the class have had the flu this year. (大阪星光学院高)

ア Almost students　　イ Almost the students
ウ Almost all the students　　エ Almost every student

256. The baby is (　　　). (関西学院高)

ア taken care good of　　イ taken good care
ウ taken good care of　　エ good taken care

257. Someone is knocking at the door. I wonder who (　　　). (大阪星光学院高)

ア is it　　イ it is　　ウ someone is　　エ is someone

258. I'll let you know how he is as soon as I (　　　). (慶應高)

ア am getting back　　イ will get back
ウ got back　　エ get back

259. Towns in Japan (　　　) attract tourists from foreign countries are usually crowded. (灘高)

ア in which　　イ to which　　ウ where　　エ which

260. You should come home (　　　) gets dark. (関西学院高)

ア before there　　イ before it　　ウ until it　　エ until then

261. Ken is (　　　). (城北埼玉高)

ア an old friend of him　　イ a his old friend
ウ an old friend of his　　エ an old his friend

262. He (　　　) in Nagasaki for three years when he was young.

ア lives　　イ lived　　ウ has lived　　エ is living (青雲高)

着眼

261. 参 考〉an old friend of mine 私の旧友（のひとり）

263. John (　　　) a bath when I called him last night. (青雲高)

ア would take　　イ has been taking
ウ took　　エ was taking

264. He often tells a lie.　He (　　　) be honest. (江戸川学園取手高)

ア can　　イ cannot　　ウ must　　エ must not

265. My uncle (　　　) for three years. (江戸川学園取手高)

ア died　　イ has died
ウ has been dead　　エ was dead

266. He has never called on me (　　　) he moved here to Nagasaki.

ア because　　イ since　　ウ that　　エ when (青雲高)

267. The mountain (　　　) over there is Mt. Aso. (青雲高)

ア see　　イ seeing　　ウ seen　　エ to see

268. I saw a traffic accident on my way home.　It was (　　　).

ア surprising　　イ surprised
ウ to be surprised　　エ to surprise (中央大杉並高)

269. Please wait till I (　　　) this letter. (久留米大附設高)

ア have written　　イ will write
ウ will have written　　エ will be writing

270. Some (　　　) to the party couldn't come. (青雲高)

ア of people invited　　イ of invited people
ウ invited people　　エ of the people invited

271. "(　　　) do you call that white bird in English?"
"I think it's a crane." (早稲田実業高)

ア Which　　イ Why　　ウ What　　エ How

272. "This is a wonderful beach, isn't it?　When did you get here?"
"I came here the day before yesterday.　I'll be herc (　　　) next Thursday." (早稲田実業高)

ア for　　イ until　　ウ during　　エ by

着眼

264. tell a lie うそをつく
265. **137** 参照
271. crane [krein] ツル

273. When the boy asked for some money, his father said, "What do you want the money (　　　)?" (大阪星光学院高)

ア over　イ for　ウ into　エ to

274. If you like those boots, why don't you try them (　　　)?

ア in　イ off　ウ on　エ up (大阪星光学院高)

275. Please wait here. I'll be back (　　　) a few minutes.

ア at　イ by　ウ in　エ for (大阪星光学院高)

276. You must finish your report (　　　) five tomorrow morning.

ア by　イ in　ウ till　エ through (青雲高)

277. Will you (　　　) me your dictionary? (中央大杉並高)

ア borrow　イ use　ウ rent　エ lend

278. "How do you (　　　) Osaka?"
"Oh, it's an interesting city, but a little too noisy." (大阪星光学院高)

ア call　イ like　ウ know　エ think

279. The label on the bottle (　　　), "Imported from France."

ア writes　イ tells　ウ shows　エ says (大阪星光学院高)

280. "Hurry up, Jimmy. We're going to miss the bus."
"I'm (　　　), Mom." (大阪星光学院高)

ア coming　イ hurrying　ウ going　エ running

281. There's some ink in my bottle, but there's (　　　) in yours.

ア no any　イ not one　ウ none　エ any (慶應高)

282. (　　　) of the three boys got a prize. (慶應高)

ア Both　イ A few　ウ Each　エ Every

283. (　　　) of them has an electronic dictionary. (青雲高)

ア Some　イ Both　ウ Each　エ Most

284. We don't have any coffee, but we have (　　　) milk in the fridge. (青雲高)

ア few　イ little　ウ many　エ a lot of

着眼

274. Why don't you ～?　～してはどうですか
280. 「すぐ行くよ，お母さん」 日本語に惑わされないように。
283. 動詞 has の形（3人称・単数・現在）に注目して考える。
284. fridge 冷蔵庫（refrigerator の短縮した語）

285. John is older than Mary ( ) three years. (立教新座高)

ア at イ for ウ in エ by

難▶**286.** "What do you think of the new football coach from abroad?" "He ( )." (早稲田実業高)

ア looks Japanese イ looks Japanese people

ウ looks like Japanese エ looks a Japanese

難▶**287.** I could not make myself ( ) in French. (江戸川学園取手高)

ア understand イ to understand

ウ understanding エ understood

難▶**288.** Little children are ( ) to swim in this pool. (大阪星光学院高)

ア dangerous イ easy ウ impossible エ afraid

難▶**289.** The rules of baseball aren't much different from ( ) of softball. (城北高)

ア its イ that ウ ones エ those

◆次の質問の答えとして最も適当なものを下から選んで，記号で答えなさい。

290. Who broke this window? (成城学園高)

ア Taro did. イ Taro was. ウ It is Taro. エ Taro broke.

291. How long have you lived in Yokohama? (成城学園高)

ア Since two years. イ For 2000.

ウ Since I was 12 years old. エ When I was a child.

292. Will you write a letter in English for me? (成城学園高)

ア Yes, I am going to. イ You are welcome.

ウ Thank you very much. エ Sorry, I am busy now.

293. "Paul didn't pass the exam, did he?" "No. ( )" (青雲高)

ア He's very happy now.

イ He succeeded though he didn't study very hard.

ウ He said he'd try again.

エ He passed it because it was very easy.

着眼

286. What do you think of ～? ～のことをどう思いますか

292. はじめの文は「私の代わりに英語で手紙を書いてくださいませんか」の意味。

293. ポールが試験に合格したのかどうかがわかれば，解答を見つけやすい。

語い / 適語補充

◆次の英語が説明している英単語を書きなさい。

294. a book that gives a list of words and tells us what they mean (関西学院高)

295. a person who gives his or her help without getting anything (成城学園高)

296. a sport played by two teams of 11 players, who try to kick a ball into their opponents' goal (城西大付川越高)

297. a small book that tells which country you are from when you are going into a foreign country (成城学園高)

298. a structure that is built over a river or a road so that people or cars can cross from one side to the other (城西大付川越高改)

299. an instrument in a room or on a public building that shows what time it is (城西大付川越高改)

300. someone whom you like very much and like to spend time with (城西大付川越高改)

301. A printed piece of paper. You can travel on an airplane, a train, etc. with it. (法政大第二高)

◆空所に色を表す 1 語を入れなさい。ただし，同じ色を二度以上使ってはならない。 (開成高)

302. The traffic light has turned (　　　　), so we can walk.

303. The teacher went (　　　　) with anger.

304. This time I'm giving you a (　　　　) card for your mistake. If you do it again, you'll be fired.

305. She's been feeling (　　　　) ever since she broke up with her boyfriend.

306. My brother's hair went (　　　　) in his forties.

307. All movies used to be in (　　　　) and (　　　　).

着眼

304. *be* fired くびになる　**305.** break up with ～ ～と別れる

306. in *one's* forties 40代で

308. 次の語義の説明を手がかりに，空所に入れるべき語を下から選び，記号で答えなさい。ただし，同じ記号を二度以上使ってはならない。 (開成高)

Cost is used to talk about paying for services and activities, while *price* is generally used for objects that you must pay for in a place such as a shop or restaurant. A *fee* is the amount of money you have to pay to enter or join something. It is also the amount you have to pay for a professional service, for example, for a lawyer. A *fare* is the amount you have to pay to travel, somewhere by bus, train, plane, etc.

(1) For many parents, two salaries are necessary to pay for school (　　　)s.

(2) The (　　　) of living in the city these days is nothing to laugh at.

(3) I hear air (　　　)s are going to increase this spring.

(4) When we have a cold summer, the (　　　) of vegetables is high.

ア cost　　イ fare　　ウ fee　　エ price

◆次の英文はある単語を説明したものです。最後の What am I? の I に相当する英単語を書きなさい。 (早稲田実業高)

309. I am a special day. I come to every one of you once a year. When you're young, I'm welcomed, but when you get old, I'm not so welcomed. When I come to you one hundred times or more, that's really a wonderful thing. What am I?

310. Some people don't like me, but I'm useful to your health. There are onions, potatoes and carrots in my family. It's not good to have only meat. You should have me, too. What am I?

難➤**311.** I am usually used for illness by doctors or nurses. When I'm taken into your body, I'll do my best to get you well as soon as possible. When you aren't in good health, please use me. What am I?

着眼

308. 支払うお金（値段，料金，費用，手数料，入場料，運賃など）に関する英文を読み，cost や price, fee, fare などの語が具体的に表す内容を把握して，空所に補充する。

◆次の各英文のそれぞれの空所に共通して入る語を答えなさい。ただし，与えられた文字で始めること。 （巣鴨高）

312. The (b　　) is a part of the body. People and animals have (b　　)s. Because of your (b　　), you can move, think, and feel.

313. A (c　　) is the child of an uncle or an aunt. In Karen's family, Aunt Tess has one daughter and Uncle Harper has three sons. Karen has four (c　　)s.

314. (E　　) is what makes things move. People eat food to get (e　　). The heat from the sun and electricity are different kinds of (e　　).

315. An (a　　) tells people where a place is, so they can go there or send mail there. A home (a　　) is the street and town where you live.

◆次の日本文の意味を表す英文になるように，(　　) 内に適当な1語を入れなさい。

316. その映画に感動して，私は涙が出た。 （慶應義塾志木高）

The film (　　) me to tears.

317. トムはもう自分のことは自分でちゃんとできる歳だよ。 （広島大附高改）

Tom is (　　) (　　) (　　) (　　) care of (　　).

318. この部屋に入らないように彼女に頼めばいいんじゃない。 （城北高）

Why (　　) (　　) (　　) her (　　) (　　) enter this room?

319. 「友だちをパーティーに連れて行ってもよろしいですか」「もちろんです」

"Would you mind (　　) I brought a friend to the party?"
"Certainly (　　)." （慶應高）

320. もう寝る時間ですよ。 It's time you (　　) to bed. （昭和学院秀英高）

321. 氷山に阻まれて船は前進できなかった。 （慶應高）

The iceberg made (　　) (　　) for the ship to advance.

着眼

317. 「～するのにじゅうぶんな年齢である」と考える。
319. 答え方に注意。Yes で答えない。

322. このケーキを切るナイフを下さい。（ラ・サール高）

Give me a knife to (　　) (　　) (　　) (　　), please.

323. ビンの中にオレンジジュースはほとんど残っていなかった。（大阪星光学院高）

There was (　　) orange juice (　　) in the bottle.

324. そのドアはカギがかかったままだった。（開成高）

The door remained (　　).

325. ラッシュアワーに車で出かけるのはやめとけよ。（開成高）

You'd better avoid (　　) during the rush hour.

326. 君といっしょにこの夕陽が見たかったなぁ。（開成高）

I (　　) you (　　) here to see this sunset with me.

327. 彼は昔ほどしゃべらなくなった。（開成高改）

He is (　　) talkative (　　) he used to be.

328. 「僕はウクレレが弾けるんだ」「僕もだよ」（大阪星光学院高）

"I can play the ukulele." "(　　) (　　) I."

329. 英語を勉強するためにロンドンへ行くことを両親は許してくれなかった。

My parents didn't (　　) me (　　) (　　) to London to study English.（大阪星光学院高）

◆次の英文の（　）内に適当な１語を入れなさい。

330. My friend passed the exam three days before his (　　) birthday. He was only twelve.（法政大第二高改）

331. It's Monday today. The day before yesterday was (　　).（城西大付川越高）

332. "How is the (　　) in Hokkaido today?" "It's cloudy."（国立工業高専）

333. In the Hanshin area it is very humid in summer. Kobe's average temperature for July and August is much (　　) than (　　) of Hakodate in Hokkaido.（灘高）

334. "Which would you like, tea or coffee?"
"Either will (　　)."（立教新座高）

着眼

322. 参考〉「ナイフでこのケーキを切る」cut this cake *with* a knife
326. 「君が（いま）ここにいたらよかったのに」と考える（仮定法過去）。

◆次の英文の（　　）内に同音異義語（発音が同じで意味が異なる単語）を入れなさい。

335. (a) They (　　　) on a bus and went to the stadium.
(b) Be careful when you cross the busy (　　　). (関西学院高)

336. (a) I (　　　) 45 kilograms. I'm afraid I've lost a kilogram or so. (青雲高)
(b) It's a long (　　　) to the museum. You can't walk there.

337. (a) The (　　　) you go up, the thinner the air becomes.
(b) As business is picking up, we will (　　　) more people this year. (灘高)

◆次の英文の（　　）内に共通する単語を入れなさい。

338. (a) They (　　　) to the airport at ten.
(b) She (　　　) excited and went out of the room.
(c) He (　　　) his bike stolen in the park. (市川高)

339. (a) This is the (　　　) she passed the test.
(b) This (　　　), please.
(c) They are similar in a (　　　). (市川高)

340. (a) Please (　　　) hello to your family for me. (愛光高)
(b) What did you (　　　) to yourself when you heard the news?

341. (a) The two rivers (　　　) into the Pacific Ocean.
(b) My father wants to (　　　) a shop in the future.
(c) That movie had a long (　　　). (東海高)

342. (a) The news will (　　　) her sad.
(b) Will you please (　　　) room for me?
(c) Two and three (　　　) five. (東海高)

343. (a) Read the (　　　) page of the book.
(b) At (　　　) he found the key under the desk.
(c) How long will this hot weather (　　　)? (東海高)

着眼

335. [roud]
336. [wei]
337. [háiər]　(b) pick up 他 ～を拾い上げる 自 (景気などが) よくなる

344. (a) "Will it be fine tomorrow? We are going on a picnic."
"I'm afraid (　　　). You'd better plan it for another day."
(b) "Can I take a picture of your fantastic garden?"
"Why (　　　)? I'm glad you like it."　(愛光高)

345. (a) They were able to (　　　) more money than they expected in order to help the poor.
(b) When you have some questions to ask me, please be free to (　　　) your hand.　(愛光高)

346. (a) "Could you tell me what your grandparents are (　　　)?"
"They are cheerful and warm-hearted, I believe."
(b) I've been looking for something to write with. Don't you have a pencil or the (　　　)?　(愛光高)

347. (a) I was happy because this test had many questions (　　　) answers I knew.
(b) Do you know (　　　) wallet this is?　(穎明館高)

348. (a) You look cool (　　　) that jacket. Where did you buy it?
(b) If it rains tomorrow, we will have rain for the first time (　　　) a month.　(愛光高)

349. (a) Do you understand so (　　　)?
(b) How (　　　) is it from here to the airport?　(愛光高)

350. (a) Are the trains running (　　　) time today?
(b) She tried (　　　) her new party dress.　(愛光高)

351. (a) American football is very different (　　　) soccer.
(b) His wife is suffering (　　　) a severe illness.　(愛光高)

352. (a) I (　　　) the window open, but someone closed it.
(b) He was (　　　) waiting at the station.　(穎明館高)

353. (a) My best friend has (　　　) to a foreign country. I miss him very much.　(愛光高)
(b) "Did you hear her speech?" "Yes, I did. I was deeply (　　　)."

着眼

346. (a)「どのような人か」 (b)「えんぴつか，なにかそのようなもの」
349. (a)「いままでのところ」　**350.** (b) **274** 参照
353. (a)「引っ越してしまった」 (b)「深く感動した」

354. 以下は，ある映画館の注意事項である。英語表記の注意事項の下線部に日本語で示された内容に合う英語を補いなさい。ただし，すべて２語以上で解答すること。

（成城学園高）

> **ABCシアター　映画鑑賞上のルール**
>
> (1) 18歳未満の人は午後11時（11 p.m.）以降劇場に入場することはできません。
>
> (2) 劇場の外で買った飲食物は持ち込めません。
>
> (3) 映画鑑賞中は電話を使用できません。
>
> (4) 映画が始まる前に着席してください。
>
> (5) 上映終了後は，すぐに劇場から出てください。
>
> ＊何か質問があれば，劇場内のスタッフに尋ねてください。

> **ABC Theater Rules To Enjoy The Movie**
>
> (1) People who are under 18 ______________ the theater after 11 p.m.
>
> (2) You ______________ any food or drinks ______ ______ outside of the theater.
>
> (3) Do ______________ the movie.
>
> (4) Please take your seat before the movie starts.
>
> (5) ______________ the movie finishes.
>
> ＊______________, please ask the staff in the theater.

着眼

354. (1)「入場する」enter

(2)「持ち込めません」は「持ち込んではいけません」と考える。

(3)「電話を使用できません」は「電話を使用してはなりません」と考える。

(5)「終了後は，すぐに」soon after ～

＊「何か質問があれば」は「もし質問を持っているなら」と考える。

誤文訂正

◆次の対話文の下線部のうちの１つに誤りがあります。それを指摘して訂正しなさい。ただし，１語の英語で答えること。　（東京学芸大附高）

355. "Could you like some more coffee, Mr. Jones?"
"Yes. With milk, please."

356. "I can't wait to see him next month."
"It is a long time after we saw him last."

357. "How did you think of the movie we saw the other day?"
"It was great. I like that kind of movie."

358. "Land prices are not very expensive these days."
"But it's still hard to buy a house in Tokyo."

◆次の英文の下線部の中から誤りがあるものを選んで，記号で答えなさい。また，その誤りを訂正しなさい。ただし，誤りがなければ○を書くこと。　（灘高）

359. ア I'm going イ to school ウ on a crowded train エ every day.

360. ア The boy looked イ satisfying with ウ the birthday present エ his father gave him.

361. ア My 5-year-old son イ uses ウ the bed I slept in エ as a child.

362. ア When I saw Mt. Fuji, イ I said to myself, "ウ This is the most beautiful mountain エ I have never seen."

363. ア I felt my heart イ beaten fast ウ when I slipped エ on the wet fallen leaves.

着眼
356. 156 (a) 参照
361. as a child 子どものときに

◆次の英文中の誤っている部分を抜き出して訂正しなさい。ただし，誤りがなければ○を書きなさい。

364. You had better go home before it will rain. (城西大付川越高)

365. As I forgot giving her a call last night, I must call her now. (立教新座高)

366. This book is so easy that even a child can't read it. (立教新座高)

367. I'll give it for Mr. Smith on his birthday. (城西大付川越高)

368. Up to today, almost a month passed since my grandfather gave up smoking. (早稲田実業高)

369. You have to do your homework today, haven't you? (穎明館高)

370. My father often goes fishing to the river. (岡山白陵高)

371. I heard someone calling my name. (岡山白陵高)

372. I'm leaving for Okayama tomorrow afternoon. (岡山白陵高)

373. The knife with which the chef uses to cut fish is very sharp. (久留米大附設高)

374. What do you say to go for a walk? You had better exercise. (慶應高)

375. Arthur, this is the amusement park which your father and I met each other for the first time. (慶應高)

376. The room the hotel offered my family was so dirty that it wasn't far from satisfying. (慶應高)

377. It matters a little who finds the watch, as long as the watch is found. (慶應高)

378. Emily can speak Japanese quite well because she has been studying it when she was a little girl. (慶應高改)

379. The castle is said to be built in the fifteenth century. (久留米大附設高)

380. Do you know the population of this country is about as many as that of Fukuoka City? (久留米大附設高)

381. "I haven't seen the movie before." "Nor I have." (久留米大附設高)

着眼

370. 参考〉「デパートへ買い物に行く」go shopping at a department store

379. 「そのお城は15世紀に建てられたと言われている」

言いかえ

◆次の各組の英文がほぼ同じ意味を表すように，(　　) 内に適当な 1 語を入れなさい。

382. (a) I asked him the number of cars they had. (関西学院高)
(b) I asked him (　　　) (　　　) cars they had.

383. (a) Will you tell me (　　　) to get to the library? (成城学園高)
(b) Will you tell me (　　　) (　　　) to the library?

384. (a) Mr. Leonard is the gentleman with white hair. (慶應高)
(b) Mr. Leonard is the gentleman (　　　) (　　　) is white.

385. (a) How many people live in Osaka? (清風南海高)
(b) What is the (　　　) of people (　　　) in Osaka?

386. (a) Not all of them were interested in the book.
(b) (　　　) were interested in the book, but (　　　) were not. (東京学芸大附高)

387. (a) This is the thickest book that I have ever read.
(b) I have (　　　) read (　　　) a thick book as this. (大阪星光学院高)

388. (a) The darkness kept us from seeing you. (慶應高)
(b) We (　　　) see you because (　　　) was (　　　).

389. (a) He usually speaks English perfectly, but even he makes mistakes sometimes. (慶應高)
(b) Even he (　　　) not (　　　) speak English perfectly.

390. (a) I don't agree with your plan.
(b) I'm (　　　) your plan. (広島大附高)

391. (a) The talk between them continued for a long time.
(b) They kept (　　　) (　　　) for a long time. (立教新座高)

392. (a) I don't know how old he is.
(b) I don't know (　　　) (　　　). (大阪教育大附高平野)

393. (a) Knowing is different from teaching. (慶應高)
(b) Knowing is one (　　　) and teaching is (　　　).

着眼
382. ⟷ **385.** 参照　**387. 165** 参照　**390.** (b)「あなたの計画に反対です」
392.「彼が何歳か」→「彼の年齢」と考える。

394. (a) It takes you fifteen minutes to the station on foot.
(b) (　　　) (　　　) (　　　) takes you to the station. (城北高)

395. (a) Whose house is this?
(b) Who does this house (　　　) (　　　)? (城北高)

396. (a) I thought him to be very kind. (城西大付川越高)
(b) I thought (　　　) he (　　　) very kind.

397. (a) I didn't want to leave San Francisco without seeing the Golden Gate Bridge.
(b) I wanted to (　　　) the Golden Gate Bridge (　　　) leaving San Francisco. (立教新座高)

398. (a) If it doesn't rain, a lot of trees will die.
(b) A lot of trees will die (　　　) rain. (立教新座高)

399. (a) If you agree with this plan, I will also agree. (愛光高)
(b) If you agree with this plan, I will agree as (　　　).

400. (a) She was once a heavy smoker, but now she isn't. (愛光高)
(b) She (　　　) to be a heavy smoker, but now she isn't.

401. (a) Suddenly the man lying on the bench spoke to me.
(b) Suddenly I was spoken to (　　　) the man who (　　　) (　　　) on the bench. (清風南海高)

402. (a) Everybody else came before Tom. (東京学芸大附高)
(b) Tom was the (　　　) person (　　　) (　　　).

403. (a) If you don't leave now, it'll be impossible for you to catch the last train.
(b) Leave now, (　　　) you won't be (　　　) to catch the last train. (成城学園高)

404. (a) He asked her, "What time does your sister come home?"
(b) He asked her what time (　　　) sister (　　　) home. (慶應高)

着眼

397. 「サンフランシスコを発つ前にゴールデンゲートブリッジを見たかった」と考える。

405. (a) Let's go for a walk.
(b) Why (　　　) (　　　) go for a walk? (清風南海高)

406. (a) "How do you say *amanogawa* in English?"
"We say the Milky Way."
(b) "(　　　) (　　　) *amanogawa* called in English?"
"It's called the Milky Way." (愛光高)

407. (a) It is hard for him to read this book.
(b) He (　　　) read this book (　　　). (穎明館高)

難▶**408.** (a) I had no tools to cut that tree with.
(b) I didn't have (　　　) tools (　　　) (　　　) I could cut that tree. (久留米大附設高)

難▶**409.** (a) Laura may have told a lie.
(b) It's (　　　) that Laura told a lie. (慶應義塾志木高)

難▶**410.** (a) He found that he could answer the question (　　　) ease.
(b) He found (　　　) easy to answer the question. (立教新座高)

◆次の各組の英文がほぼ同じ意味を表すように，(　) 内に適当な2語から5語の語句を入れなさい。ただし，[　] 内に与えられた語を使うこと。 (慶應高)

411. (a) Both TV and the Internet have a lot of influence on children. [but]
(b) Not only TV (　　　) a lot of influence on children.

412. (a) There were more air accidents in 2010 than in 2009. [as]
(b) There were (　　　) in 2009 as in 2010.

難▶**413.** (a) I got up early this morning so that I might not be late for school. [time]
(b) I got up early this morning in (　　　) for school.

難▶**414.** (a) Can I see your notebook, please? [showing]
(b) Would (　　　) your notebook?

着眼
408. **373** 参照　　**409.**「ローラはうそをついた可能性がある」と考える。

並べかえ

◆次の日本文の意味を表す英文になるように，下から語句を選んで（　）内に入れなさい。

415. そこに車で行くのがいちばん早いとは限らない。 （開成高）

Going (　)(　)(　) is (　)(　) the (　)(　).
(not / by / there / fastest / always / way / car)

416. 彼がうそをついているにちがいないと思わざるを得なかった。 （開成高）

I (　)(　)(　)(　) he (　)(　)(　).
(be / lying / couldn't / thinking / must / help / that)

417. この腕時計を直すのにいくらかかりますか。 （開成高）

How (　)(　)(　)(　) me (　)(　) this watch (　)? (cost / have / would / repaired / much / to / it)

418. スミス先生は私たちに英語を教えてくれますが，授業中に先生の話を聞いていると本当に楽しくなります。 （桐蔭学園高）

Mr. Smith (　)(　) English teacher and what he (　) in class (　)(　)(　)(　).
(is / teaches / happy / us / says / makes / very / our) ［1語不要］

419. 子どもだけでなく，家内と私もまた，その山に登るのを楽しみにしています。

(　)(　) our child, (　)(　) my wife and I (　) looking forward (　)(　) the mountain. （桐蔭学園高）
(climb / climbing / also / not / only / are / but / to) ［1語不要］

420. 夕食をとりながらその問題について話し合いを続けませんか。 （大阪星光学院高）

Shall we (over / the problem / continue / dinner / about / to / talk)?

421. 君のお兄さんが読んでいる本はだれが書いたと思いますか。 （立教新座高）

(book / brother / do / is / reading / the / who / wrote / you / your)? ［1語不足］

422. 彼はとても足が速かったので，だれも追いつくことができませんでした。

He (runner / fast / no / such / was / runs / a / that) one could catch up with him. ［1語不要］ （桐蔭学園高）

着眼
416. can't help -ing ～せざるを得ない
420. 参考〉 *over* a cup of coffee コーヒーを飲みながら

423. 私たちは互いに話し合う必要があるようだ。 (白陵高)

(each / for / I / it / necessary / other / think / to / us / to talk).

424. こんなに安く住める家は他に見たことがないよ。 (市川高)

This is (that / ever / the cheapest / to live / have / house / we / in) found.

◆正しい英文になるように，次の（　）内の語句を並べかえなさい。

425. (TV / most / children / of / like / the / watching). (関西大倉高)

426. This book (difficult / of / for / all / us / too / is) to read. (成城学園高)

427. (faster / any / she / student / than / runs / other) in her class. (成城学園高)

428. In old days, people in parts of Europe thought that tomatoes were not good to eat. They (tomatoes / them / believed / made / sick / that). (広島大附高)

429. Clocks were first made in Europe in the fifteenth century. Before then, people (the sun / tell / looked / to / the time / at). (広島大附高)

430. In every country there is a different kind of money. For example, you may (Japan / plan / America / leave / for / to). Then you must change yen to dollars. (広島大附高)

難▶**431.** Violins are made of special kinds of wood. The wood is very important for the sound of the violin. So, (of / a violin / won't / made / the wrong / sound / wood) nice. (広島大附高改)

432. (tell / who / me / does / breakfast / every / please / cooks) morning. ［1語不要］ (昭和学院秀英高)

433. Not (also French / is / English / only / but / spoken / are) in that country. ［1語不要］ (成城学園高改)

434. (he / ran / as / can / fast / the / as / runner / could). ［1語不要］ (昭和学院秀英高)

435. (would / such / like / no / you / to / one / say) a thing. (成城学園高改)

着眼

435.「だれもあなたにそんなことを言ってほしくない」

436. (it / such / to / careless / for / do / a / of / was / you / thing).
［1語不要］ (昭和学院秀英高)

437. Do (your homework / me / with / want / you / help / to / you)?
(青雲高)

難➤**438.** (at / that / are / boy / look / the / the dogs / over / which / running / and) there. ［1語不要］ (昭和学院秀英高改)

◆次の各組の英文がほぼ同じ意味を表すように，(　　) 内の語句を並べかえなさい。

439. (a) Our parents have been married for 25 years. (東大寺学園高改)
(b) (25 years / has been / got / our parents / married / it). ［1語不足］

440. (a) Bob went out of the room in silence. (東大寺学園高)
(b) Bob (anything / the room / left / saying). ［1語不足］

441. (a) It was impossible for me to believe his words. (東大寺学園高)
(b) (said / I / he / believe / couldn't). ［1語不足］

◆対話文が成り立つように，(　　) 内の語を並べかえなさい。 (豊島岡女子学園高)

442. *A*: Let's go camping in the forest. I think we can spend three nights there.
B: Great! Oh, what shall we do about our dog? (him / there / nobody / to / will / feed / be).
A: Let's take him with us.
B: Good idea!

443. *A*: After I enter the school, I will study very hard. I also (as / can / many / as / make / want / I / to / friends).
B: That's good.

444. *A*: (go / have / you / made / mind / your / to) camping?
B: No, not yet. I'm still thinking. ［1語不足］

445. *A*: Do you know how to read this *kanji*?
B: Well..., no, I don't.
A: (it / I / up / was / look / told) in the dictionary, but I could not find it in my dictionary. ［1語不足］

着眼
436. careless ↔ careful　**442.** feed えさを与える

446. *A*: Children today like to play computer games at home.
B: I agree. (to / fewer / outside / have / they / play / chances) before. ［1語不足］

447. *A*: We're planning to go to Morioka by car next week. We'll leave at five in the morning.
B: (get / it / to / there / hours / how / will / many)?
A: About five hours. ［1語不足］

448. 次の会話文は，John が友人の Ken の家に電話をしている場面です。下線部⑴〜⑷とほぼ同じ意味になるように，下の英文⑴〜⑷の（　）内の語を並べかえなさい。 （国立工業高専）

Ken's mother: Hello.
John: Hello. This is John speaking. Can I speak to Ken, please?
Ken's mother: I'm sorry, but he is out now.
John: ⑴ 何時に帰ってくるかわかりますか。
Ken's mother: Let me see. He will be back around three, I think.
⑵ 彼に電話をかけさせましょうか。
John: Well ... no, but ⑶ 伝言をお願いできますか。
Ken's mother: Sure.
John: ⑷ かぜをひいているので，今夜パーティーに行けないと彼に伝えてください。
Ken's mother: All right. Take care of yourself.
John: Thank you, I will.

⑴ Do you know (time / will / what / come / he / back)?

⑵ Do you (call / him / back / want / you / to)?

⑶ (leave / message / may / for / a / I) him?

⑷ Please tell him that I (to / be / not / come / able / will) to the party this evening because I have a cold.

着眼
448. ⑴ 間接疑問の語順に注意する。
⑵ call Ⓐ back 折り返しⒶに電話する

449. 次の文は，Sue と Tom の会話です。下線部 (1)〜(4) とほぼ同じ意味になるように，下の英文(1)〜(4)の（　）内の語を並べかえなさい。（国立工業高専改）

Sue : Tom, Look! Mom made cookies! (1) ママが夕食前に１個ずつ食べていいって言っているわよ。

Tom : Great! ... This is very good. I want to eat more!

Sue : (2) でも，いま食べ過ぎて夕食にちっとも食べないんじゃ，ママは怒るわよ。

Tom : No problem. (3) 僕はとてもお腹がすいているから，いっぱい食べられるんだ。

Sue : OK. Have some more.

Tom : I love Mom's cookies.

Sue : I see. (4) たくさん食べないでね。そうしないと，いまママが作っている夕食がおいしくなくなるからね。

Tom : Too late, Sue. I've already had enough.

(1) (eat / us / before / she / one / can / says / dinner / of / each).

(2) Well, (angry / eat / you / your dinner / if / will / too / Mom / have / cannot / many now / get / and).

(3) (I / I'm / that / eat / a / hungry / can / lot / so).

(4) Don't eat a lot, or you won't be able to (is / enjoy / Mom / dinner / the / delicious) making now.

着眼

449. (2) 並べかえる単語が多いので，まとまりごと（「ママが怒る」，「あなたがいま多く食べすぎれば」，「（そして）夕食を食べられない」）に分けて考えるとよい。動詞 eat, have, get をそれぞれどのように使うかに注意する。

(3) so ... that 〜（とても…なので〜）の表現を用いる。

(4)「いまママが作っている おいしい夕食」という文構造を考える。

450. 正しい英文になるように，次の（　　）内の語句を並べかえなさい。 （巣鴨高）

Sam Johnson works for an insurance company in New York City. The company has just opened a branch office in San Francisco, and Mr. Johnson will be the manager of the new office.

Sam is very happy about the move. He says that San Francisco has a better climate than New York. The winters are milder and warmer. And there isn't (1) (in San Francisco / as / as / pollution / much / there is) in New York.

Sam's wife, Susan, (2) (into / new house / move / is eager / their / to). It's (3) (the / size / house / same / present / as / about / their), but it's more modern. The garden is bigger, too. The new house is in the suburbs, only half a mile from the ocean, and it's less convenient for shopping. But Susan doesn't (4) (the stores / further / driving / a little / mind / to).

The Johnsons' five children are also very pleased, especially their eldest son, David. David's favorite sport is surfing. He says (5) (the east coast / the west coast / surfing / is / than / better for), because the waves are higher on the Pacific side. Of course, the water isn't as warm on the Pacific side as on the Atlantic side. But David isn't worried about that.

着眼

450. *l*.1 insurance company 保険会社
l.2 branch office 支社，支店
l.3 manager 支配人; 支店長
l.15 eldest son 最年長の息子
ll.17-18 the Pacific side 太平洋側，the Atlantic side 大西洋側
（ジョンソン一家は ニューヨークからサンフランシスコへ引っ越すので，大西洋側から太平洋側へ移ることになる点に注意する）

レベル 3

適語選択 / 不適語選択

◆次の英文の（　　）内に最も適当なものを下から選んで，記号で答えなさい。

451. We expected the house (　　) before we came home from our holiday.
ア be finished　イ to be finished
ウ to be finishing　エ to finish　(慶應高)

452. I hear you're going to buy a new car. Do you know how much (　　)?
ア it will cost　イ will it cost
ウ it cost　エ does it cost　(城北高改)

453. The mountain is (　　) no one can climb it.
ア very steep that　イ steep that
ウ so steep as　エ so steep　(慶應高)

454. The accident (　　) us to put off the game.　(立教新座高)
ア made　イ let　ウ happened　エ caused

455. (　　) up the word in your dictionary.　(立教新座高)
ア Catch　イ Look　ウ Put　エ Work

456. Have you (　　) in your homework?
ア got　イ handed　ウ passed　エ put　(立教新座高)

457. Mary is (　　) of the two girls.
ア tall　イ taller
ウ the taller　エ the tallest　(久留米大附設高改)

458. Our teacher often says that a lot of art museums in London are worth (　　).　(灘高)
ア being in London　イ visit　ウ visited　エ visiting

459. The longer the president talked, (　　).
ア much more interested in what he said
イ the less interested in his story we became
ウ the more we became interested in his story
エ we found it interesting to listen to him　(灘高)

着眼
454. make, let は使役動詞。
457. of the two に着目。

460. "How do you like your tea?" "(　　　)"

ア With lemon, please.　イ With a spoon, please.

ウ I like my tea.　エ I don't like it.　(埼玉栄東高)

難▶**461.** "(　　　) is the price of the wooden jewel box on the table?" "I guess it's 50,000 yen."　(早稲田実業高)

ア How　イ How much　ウ How expensive　エ What

難▶**462.** What do you say to (　　　) to Hokkaido this summer?　(江戸川学園取手高)

ア go　イ going　ウ gone　エ have gone

難▶**463.** "I have never visited this city before." "(　　　)"

ア So have I.　イ So did I.

ウ Neither have I.　エ Neither did I　(埼玉栄東高)

難▶**464.** (　　　) at the news, he couldn't say a word.

ア Shocking　イ Shocked

ウ Having shocked　エ To be shocking　(久留米大附設高)

◆次の英文の（　）内に適さないものを下から選んで，記号で答えなさい。　(久留米大附設高)

465. Tell him he (　　　) go to school today.

ア doesn't have to　イ needs not　ウ doesn't need to

466. I can trust (　　　) your friends.

ア all of　イ most of　ウ almost

難▶**467.** I (　　　) help you if I were free.

ア will　イ would　ウ could

着眼

463.「以前この市を訪れたことはありません」「私も訪れたことがありません」

464.「ショックを受けて」

467. if I were free

「(いま現在ほんとうはひまではないのだけれど) ひまならば」(仮定法過去の表現)

適語補充

◆次の英文の（　）内に適当な１語を入れなさい。

468. The (　　　) is the great mass of salt water that covers most of the Earth's surface.（城西大付川越高）

469. He was awfully tired from PE class. So he had his eyes (　　　) during math class. The teacher thought he must have (　　　) asleep.（灘高）

難▶**470.** *A* : I heard you speaking Korean with someone at the gate yesterday. I didn't know you knew Korean.
B : Yes, I (　　　) (　　　) (　　　) it on and off for four years.（灘高）

難▶**471.** *A* : You keep spending too much money.
B : Don't worry! I'm spending my money, not yours. Mind (　　　) (　　　) (　　　)!（灘高）

472. (1) と (2) の英文の（　）内に共通する単語を入れなさい。（愛光高）

(1) *A* : I'm sorry. I've made a terrible mistake.
B : Don't worry. Everything will (　　　) out all right.

(2) *A* : Now it's your (　　　) to tell a story.
B : OK. I'll tell you about my summer trip to Australia.

◆次は，３つの単語についての英英辞典の定義と例文です。（　）に入る適切な英語を１語ずつ答えなさい。（早稲田実業高）

473. (　　　) = the power of remembering things we have learned
He began to lose his (　　　) as he grew older.

474. (　　　) = to create or produce something useful for the first time
What did she (　　　) to make our lives better?

475. bottom = the (　　　) part of something
The boat went to the bottom of the sea.

着眼
468. surface 表面　**469.** PE (= physical education) class 体育の授業
470. on and off 断続的に

言いかえ

◆次の各組の英文がほぼ同じ意味を表すように，（　）内に適当な1語を入れなさい。

476. (a) I have never visited any foreign countries.
(b) I have never (　　) (　　). （久留米大附設高）

477. (a) We have had no rain for three straight weeks.
(b) (　　) (　　) been no rain for three straight weeks. （愛光高）

478. (a) All we could do was laugh at his funny joke.
(b) We just (　　) (　　) laughing at his funny joke. （慶應高）

479. (a) I ran to the station to be in time for the meeting.
(b) I ran to the station (　　) that (　　) (　　) be in time for the meeting. （久留米大附設高）

480. (a) I don't like people to tell me what to do.
(b) I don't like to (　　) (　　) (　　) (　　) should do. （久留米大附設高）

481. (a) If you had done your homework, you could have gone to the party.
(b) Since you (　　) not (　　) your homework, you had to stay at home doing your homework instead of going to the party. （久留米大附設高）

難▶**482.** (a) Can I look more closely at the baby? （愛光高）
(b) Let me take a (　　) (　　) at the baby.

難▶**483.** (a) I am sorry I can't play the piano as well as Tom.
(b) I (　　) (　　) (　　) play the piano as well as Tom. （久留米大附設高）

難▶**484.** (a) He lives in the house where his grandpa lived before.
(b) He lives in the house his grandpa (　　) (　　) live (　　). （久留米大附設高）

着眼

478. **416** 参照　**479.** **413** (a) 参照　**481.** (b) since ～ ～だから，～ので〈理由〉（接続詞）　**482.** (a) closely [klóusli] じっくり（副詞）
483. (b)「トムと同じくらいじょうずにピアノが弾ければいいのに」

難▶**485.** (a) In that way he solved the most difficult questions. (愛光高)
(b) (　　　)(　　　) he solved the most difficult questions.

難▶**486.** (a) It took Kensuke much more time to master English than the average student. (久留米大附設高)
(b) Kensuke was a (　　　) (　　　) of English.

難▶**487.** (a) He lives a happy life thanks to having enough money.
(b) Enough money enables him (　　　) (　　　) (　　　). (久留米大附設高)

難▶**488.** (a) James said to me, "I ate too much yesterday."
(b) James told me that (　　　) (　　　) (　　　) too much the day (　　　). (久留米大附設高)

難▶**489.** (a) He said, "I will finish the assignment tomorrow."
(b) He said that (　　　) (　　　) finish the assignment the (　　　) day. (久留米大附設高)

◆次の各組の英文がほぼ同じ意味を表すように，(　　) 内に適当な2語から5語の語句を入れなさい。ただし，[　　] 内に与えられた語を使うこと。 (慶應高)

490. There'll be trouble if you say that. [better]
You (　　　　　　　　　) that.

491. "I'm glad to see you," he said to me. [told]
He (　　　　　　　　　) glad to see me.

難▶**492.** Mr. Johnson began to learn Japanese three years ago. [learning]
Mr. Johnson (　　　　　　　　　) three years.

難▶**493.** I believe that he will succeed. [of]
I (　　　　　　　　　).

難▶**494.** I was surprised at his hairstyle. [what]
(　　　　　　　　　) his hairstyle.

着眼
489. assignment 宿題，課題
492. 現在完了進行形を用い，「3年間ずっと学んでいる」と表現する。
494. 関係代名詞 what を用い，「私を驚かせたものは，…」と考える。

並べかえ

◆次の日本文の意味を表す英文になるように，下から語句を選んで（　　）内に入れなさい。

495. 下校するとき，その公園を通ってはいけないことを忘れないでください。

（桐蔭学園高）

Please (　　) (　　) (　　) pass through the park (　　) (　　) (　　) (　　) from school.

(home / on / remember / to / not / way / when / your)［1語不要］

496. その2つの部屋を掃除することはたいへんだった。私たちは午後遊ぶ時間がなかった。

（桐蔭学園高）

(　　) the two rooms (　　) (　　) (　　) (　　) (　　).
We had no time (　　) play in the afternoon.

(too / to / us / was / much / enough / cleaning / for)［1語不要］

497. あなたがその仕事を終えるのに，あと何時間かかるのでしょうか。（桐蔭学園高）

(　　) (　　) (　　) (　　) (　　) (　　) (　　) (　　) to finish the work?

(you / will / how / it / more / many / before / hours / take)［1語不要］

498. 西洋の国々では，鏡を壊すと不幸が訪れると信じられている。（早稲田実業高）

(　　) (　　) countries (　　) (　　) (　　) (　　) (　　) (　　) (　　) (　　) (　　) (　　).

(mirror / luck / Western / it / that / a / in / is / breaking / comes / bad / brings / believed)［1語不要］

499. その国の困っている人々を，どうしたら助けることができるか教えていただきたいのですが。

（早稲田実業高）

(　　) (　　) (　　) (　　) (　　) (　　) (　　) (　　) (　　) (　　) (　　) (　　) (　　) (　　) (　　) country.

(help / like / tell / know / are / would / in / in / to / to / that / people / I / trouble / who / how)［1語不要］

着眼

495.「通らないことを覚えておきなさい」と考える。
498.「鏡を壊すことが不幸をもたらす」と考える。
499. people who are in trouble 困っている人たち

500. 夕食をとっているときに，祖母は私に好きなだけ食べなさいと言いました。

(桐蔭学園高)

Grandmother told (　　) (　　) (　　) as (　　) (　　) (　　) (　　) while we were having dinner.
(eat / as / to / wanted / much / food / me / I) ［1語不要］

◆次の日本文の意味を表す英文になるように，(　　) 内の語を並べかえなさい。

501. 旅行中に犬の面倒を見てくださって本当にありがとうございました。

(dog / I / it / kind / look / my / of / on / to / my trip / very / was / was / while / you). ［1語不足］ (立教新座高改)

502. 田舎暮らしがどんなものか知りたいものだ。 (大阪星光学院高)

I want to know (is / the country / life / like / in / what).

503. 彼はとても勤勉なので歴史でよい得点をとるだろう。 (立教新座高)

(a / get / good / hard / he / he / history / is / marks / in / that / will / worker). ［1語不足］

504. 昔の生徒が訪ねてくれれば教師はうれしいものです。 (開成高)

(are / visit / to / teachers / old / glad / them / students / have / their).

505. そのお金で何をするかは難しい問題です。 (開成高)

(money / a / with / difficult / the / to / what / do / problem / is)

506. 彼女はとても優秀なので，その試験でうまくいかないはずがありません。

(too / she / the / to / is / succeed / bright / not / exam / in) (開成高)

507. あなたはナイフとフォークの正しい使い方を学ばなければいけません。

(learn / use / the / to / have / a / right / you / to) knife and fork. ［1語不足］ (立教新座高)

難 **508.** きれいな夕日を見そこなってしまったね。もう数分早く来ればよかったのにね。

You just missed a beautiful sunset. You (a / come / earlier / few / minutes / should). ［1語不足］ (開成高)

◆次の日本文の意味を表す英文になるように，（　　）内の語を並べかえなさい。ただし，不足する1語を［　　］内から選んで補充すること。 (灘高)

難 509. 私たちはみんな彼が成功してくれるのを期待しています。
(all / for / his / success / we). [expect / hope / want]

難 510. 昨日，映画館の向かいにあるコンビニエンスストアから出火したらしい。
(fire / hear / I / in / opposite / out / the / the theater / the convenience store) yesterday. [broke / happened / occurred]

難 511. 私はとてもびっくりしてほとんど何も言えなかった。
(could / hardly / I / I / so / surprised / that / was).
[say / speak / tell]

難 512. ドアに指を挟んでけがをするなんて，そそっかしいやつだな。
(careless / how / in / of / to / you / the door / your / finger)!
[damage / injure / wound]

着眼

509. for に注目して不足する動詞を選ぶ。

510. out に注目して不足する動詞を選ぶ。
「～らしい」I hear ～
「～の向かいに」opposite [ɑ́pəzit] ～

511. so ... that ～（とても…なので～）の表現を用いる。

Part 2

英作文編

◆ 英作文問題に取り組む前に…

英作文はかなり難易度が高く，ただなんとなく単語を並べるだけでは，ちゃんとした文は作れない（＝点がとれない）。しかし，取り組み方しだいでは，かなりの点を得ることも可能である。次の点を心に留めておこう。

攻略法 1　英文の基本パターンを押さえる!

まずは，英作文でよく出題される文のパターンをマスターすることが大切。本書の **513～600** の答えになる英文はすべてよく出る「基本パターン英文」である。しっかり覚えておこう。

攻略法 2　細心の文法チェックを!

英作文の問題は，減点法で採点される場合がほとんどである。だから，自分が書いた英文は，何度も見なおしてチェックしよう。意外にも，単純なつづりや時制の誤りがあるものだ。小さなまちがいであっても，積り重なれば，大きく減点されてしまう。対策として，次の３点に気をつけよう。

①動詞の形

例）× My father go to work by car.（父は車で通勤します）
→ **goes**〈3人称・単数・現在〉
× I meet Meg yesterday.（きのうメグに会いました）→ **met**〈過去〉

②単数形・複数形の区別

例）× I have two brother.（兄が二人います）→ **brothers**〈複数形〉
× I brush my tooth three times a day.（日に３回歯を磨きます）
→ **teeth**〈複数形〉
× Give me some waters.（いくらか水をちょうだい）
→ **water**（数えられない）

③冠詞（a / an / the）の有無・使い分け

例）× I have sister.（姉がいます）→ **a sister**
× Close a window, please.（窓を閉めてください）
→ **the window**（特定）
× Miki and I take a same bus every morning.
（ミキと私は毎朝 同じバスに乗ります）→ **the same bus**（特定）

*指定されたテーマや文字数で自由に作文する自由英作文については，「**自由英作文に取り組む前に…**」（*p.*74）を参照。

レベル 1

和文英訳

◆次の日本文を英語になおしなさい。ただし，指示がある場合には，それに従うこと。

513. インドで話されている言葉は何ですか。 （帝塚山高）

514. 私は英語で書かれた本が読みたい。 （江戸川学園取手高）

515. だれが窓を割ったのですか。 （法政大第二高）

516. もしあなたが明日忙しくなければ，テニスをしましょう。［Let's で書き始めて］ （江戸川学園取手高）

517. まだ宿題ができていません。 （京都教育大附高）

518. ボブの世話をするなんて，彼女はなんと親切なのだろう。［How を用いて］ （日本大習志野高改）

519. 私は蛇が怖い。 （土佐高）

520. 間食はしないほうがよい。 （大阪星光学院高）

521. 私は花子に家族の写真を見せてくれと頼んだ。 （京都教育大附高）

522. 私たちは10年以上の知り合いです。 （城北高改）

523. おじいさんが話してくれた物語を聞いて，私はとても悲しくなった。 （京都教育大附高）

524. 私はどこでダンスを習ったらいいのか知りたい。 （筑波大附高）

着眼

513, 514.「インドで話されている 言葉」,「英語で書かれた 本」それぞれ語順に注意する。

過去分詞（spoken, written）を含む語句が後ろから名詞（language, book）を修飾する構造にする。

522.「10年以上の知り合いです」→「10年以上お互いを知っている」と考える。

525. 私は彼にどちらの本を読むべきかたずねた。[7語で]　(昭和学院秀英高)

526. 彼はその本を読むことができない。[It を文頭に9語で]　(昭和学院秀英高)

527. あなたのお兄さんはなんてサッカーがじょうずなのでしょう!
[What を用いて]　(志学館高改)

528. ジェーンは何も言わずに部屋を出て行った。　(市原中央高改)

529. 夕食に何を食べたいか教えて。　(岡山白陵高)

530. 彼女はとても正直だそうだ。　(国府台女子高)

531. 駅への行き方を教えてくれませんか。　(土佐高)

532. あなたは科学を勉強することに興味がありますか。　(土佐高改)

533. あなたは今までに九州に行ったことがありますか。　(土佐高)

534. あの山は，来月，雪で覆われるでしょう。　(駒込高改)

535. こんな寒さは初めてだ。　(城北高改)

536. 話しかけられるまで口を開いてはいけません。　(西南学院高)

537. 私に何か冷たい飲み物をくれませんか。　(土佐高)

着眼

526. It is ... for 人 to 原形 の表現を用いるとよい。
527. 「なんてすばらしいサッカー プレーヤーなのでしょう」と表現するとよい。
528. **138** (b), **440** 参照
534. **18** 参照
536. 「話しかけられる」*be* spoken to　「〜まで」until [till] 〜 (接続詞)
537. **4** 参照

538. 夕食後，君にその小説を読み終えてほしいと思っている。　(日出学園高[改])

539. 名古屋は日本で最も大きな都市のひとつです。　(西南学院高)

540. 彼女に遅刻しないように言いました。　(昭和学院秀英高)

541. 外国語を習うことは大切だと思います。　(京都教育大附高)

542. 私は駅で見知らぬ人に話しかけられた。　(国府台女子高[改])

543. 明日の天気はどうなるでしょう。　(日本大習志野高[改])

544. これらの質問（These questions）は難しすぎて，僕には解けなかった。
［接続詞 that を用いて］　(城北高)

545. あの犬はこれからメアリー（Mary）に世話されるのでしょうか。
［受動態を用いて］　(城北高)

546. 彼は誕生日にこの腕時計をおじさんからもらったのですか。
［受動態を用いて］　(青雲高)

547. すごく緊張してその質問に答えられなかった。　(筑波大附高[改])

548. この学校まで来るのに何回 電車を乗り換えますか。　(城北高[改])

549. 今までに何回 海外へ行ったことがありますか。　(土佐高)

着眼

542.「話しかけられる」　**536** 参照
543. What ～ like? の表現を用いるとよい。
544. that を用いる指示があるので，so ... that ～（とても…なので～）の表現を用いる。
545. **96, 179, 221** 参照
547. so ... that ～ または too ... to [原形] の表現を用いる。
548. 電車を乗り換える change trains　**16** 参照

550. 彼の車は私のよりよい。 (土佐高)

551. この花は英語で何と呼ばれていますか。 (江戸川学園取手高)

552. その作家はアメリカよりも日本で人気がある。 (江戸川学園取手高)

553. これが3年前に私たちが住んでいた家です。 (青雲高)

554. 学生時代にできるだけ多くの本を読むべきです。 (青雲高)

555. 彼が将来何になるつもりか知っていますか。 (城北高)

556. 私たちは，学校では携帯電話を使わないようにと言われた。 (城北高)

557. 私は昨日から何も食べていないのでお腹がぺこぺこだ。 (中央大杉並高)

558. 大きな帽子をかぶっている少女が，私たちの前に座りました。 (駒込高)

559. あなたはヨーロッパで話されている言語がいくつあるか知っていますか。 (青雲高)

560. 彼女はどちらの道を行ったと思いますか。 (開成高)

561. 宿題がたくさんあるので，いっしょに買い物にはいけません。時間があるなら手伝ってほしいのですが。 (大阪教育大附高平野)

着眼

554. 443 参照

555, 559, 560. 間接疑問の文で，それぞれ do you know と do you think の位置にとくに注意する。

558. 「大きな帽子をかぶっている 少女」

現在分詞（wearing）を含む語句が後ろから名詞（girl）を修飾する構造に注意する。

◆次の対話文の［　　］内の日本文を英語になおしなさい。

［**562～566** 制限時間５分］（筑波大附高）

562. *A*：How long have you been in Japan?

B：________________________________

［来てから10か月ほどになるね］

563. *A*：Will you put some of my clothes into your bag?

B：Look. ________________________________

［僕のは君のほど大きくないんだ］

564. *A*：I called you at 7:00 last night, but you didn't answer.

B：________________________________

［君が電話してきたときはお風呂に入っていたんだ］

565. *A*：Did you see the singer in front of the hotel?

B：Yes. ________________________________

［でもファンがいっぱいで写真が撮れなかったの］

566. *A*：Look! My father is over there in the park.

B：You mean the man with a dog?

A：No. ________________________________

［子どもたちとバレーボールをしているのがお父さんよ］

着眼

562.「ここに約10か月います」，または「ここに来て以来，約10か月になります」と考える。

566.「その子どもたちとバレーボールをしている 男の人 がお父さんです」と考えるとよい。

現在分詞（playing）を含む語句が後ろから名詞（man）を修飾する構造に注意する。

567. 次の日本語の下線部と同じ意味を表すように，英文の（　　）内に適当な語句を入れなさい。［制限時間５分］（立教新座高）

由美：(1) 天気予報によると，今週の金曜日に長野は大雪だって。
ケン：じゃあ，(2) 今度の週末にスキーに行かない？
由美：あら，いいわねえ。
ケン：(3) お昼に迎えに行こうか。
由美：ありがとう。
ケン：僕がお弁当をもって行くよ。
由美：じゃあ，私は飲み物をもって行くわ。長野まで (4) 遠いしね。

Yumi : (1) (　　　　　　　　　　)
Ken : Then, (2) (　　　　　　　　　　)?
Yumi : That sounds great.
Ken : (3) (　　　　　　　　　　)?
Yumi : Thanks.
Ken : I'll bring some lunch with me.
Yumi : Then, I'll bring some drinks. (4) (　　　　　　　　　　) to Nagano.

568. 次の対話文の下線部を英語になおしなさい．［制限時間５分］（成城学園高改）

Tom : Hi, Mike!
Mike : Oh, Tom, how are you?
Tom : Fine, thank you. Well, how's your high school?
Mike : Very fun!
Tom : Oh, that's nice. (1) 君が学校でバスケットボールを始めたと聞いているよ。
Mike : That's true.
Tom : Wonderful! I'm a basketball fan and often watch basketball games on TV. My brother also played it in high school.
(2) バスケットボールがうまくなるのは簡単なことではないと兄は言っているよ。
Mike : I know. I began to practice only a week ago.
(3) もちろん，ほかの部員はみんな僕よりうまいんだ。
But I'll never give up. I'm sure I'll be able to play well.
Tom : I understand. Good luck!

着眼
567. (2) **129** (a) 参照　　**568.** (1)「～と聞いている」I hear ～

和文英訳

◆次の日本文を英語になおしなさい。ただし，指示がある場合にはそれに従うこと。

569. 英語を学ぶ最もよい方法は英語が話されている国へ行くことです。(久留米大附設高)

570. 英語は世界で最も重要な言語のひとつだから，私は英語に興味をもっています。(高知学芸高)

571. だんだんと寒くなってきて，朝起きるのがつらいです。(高知学芸高)

572. 私たちの市にあるその古いお城はとても有名で，毎年歴史好きの多くの人たちが訪れます。(高知学芸高)

573. そのサッカーの試合が終わるまで，雨が降り止むことはなかった。
［It で始まる英文で］(穎明館高)

574. 急がないと，終電に間に合いませんよ。(穎明館高)

575. *A*：郵便局がどこにあるか知っていますか。
B：はい。2番目の角を右に曲がってください。そうすると左手にあります。(穎明館高)

576. 雨が降り出さないうちに家に帰りましょう。(穎明館高)

577. 1万円貸してくれませんか。お金が少し足りないのです。(大阪星光学院高)

着眼

571.「つらい」→「私にはたいへんである」と考える。
574.「終電」the last train
575.「(そうすると) 左手にあります」You'll find it on your left.
576.「雨が降り出さないうちに」→「雨が降り始める前に」と考える。**41** 参照
577.「～が足りない」*be* short of ～

578. 私たちの学校は町の中心にあり，最寄りの駅から歩いて５分以内で行けます。 (大阪星光学院高)

579. アメリカへのその旅は，私たちにアメリカの人々や文化について知る機会を与えてくれました。 (高知学芸高)

580. その町には行ったことがなかったので，どのバスに乗ればいいのかまったくわからなかった。 (久留米大附設高)

581. 10 年前に創設されたソフトボールチームには，私の友人がたくさん在籍している。 (久留米大附設高)

582. あなたは彼女がどのくらいじょうずに英語を話せるか知っていますか。 (城北高)

583. この５年間，田中君から何の便りもありません。 (城北高)

584. 娘は英語を３年間勉強してきたが，私が思っていた以上に上達している。 (大阪星光学院高)

585. ここからレストランまで歩いて行くにはさらに 20 分かかるだろう。 (大阪星光学院高)

586. 自国の歴史や文化について外国の人から問われると，あなたは自分の無知さ加減がわかるだろう。 (大阪星光学院高)

587. 近頃，宿題をするのにとても忙しくて本を読む余裕がない。 (大阪星光学院高)

588. 君は自転車を直してもらうのにいくらかかりましたか。 (開成高改)

着眼

581. 「私の友人の多くが，10年前に創設されたソフトボールチームに在籍している」と考える。
「～に在席［所属］している」belong to ～，「～を創設する」establish［found］～

585. 「さらに20分」another twenty minutes

586. 「自分の無知さ加減」how little you know

588. 417 参照

589. ひどいかぜをひいてしまい，あまり練習できませんでした。　(大阪星光学院高改)

590. 彼女から手紙が来るのを首を長くして待っています。　(岡山白陵高)

591. 愛ほど大切なものはないと，多くの人が口にする。　(岡山白陵高)

592. 携帯電話はたいへん便利な道具なので，日常生活に欠くことができないと思っている人はたくさんいます。　(西大和学園高)

593. 電車の中では携帯電話を使わないように言われているにもかかわらず，最近は多くの人がそうしているのをよく見かけます。　(西大和学園高)

594. 遊ぶことは勉強するのと同じくらい大切だと父はよく言います。［ as ］　(滝高)

595. 学(まなぶ)のクラスに日本に来たばかりのイギリス人留学生Tomに，ホームルームで話された甲山(かぶとやま)への遠足のことについて，学は説明しなくてはなりません。下の表の情報が伝わるように，次ページ 会話の中の (1)〜(4) の空欄に6語以上の英語で書き，遠足について Tom に簡潔に伝えてください。ただし，記号（. / , / ? / !）は1語として数えないものとします。［制限時間6分］　(関西学院高)

≪2月20日㈯の遠足について≫

集合場所と時間	クラスの活動	持ち物
仁川(にがわ)駅 午前9時 *遅れたら学校に連絡	ゲーム 歌	飲み物 昼食

着眼

590.「首を長くして待っている」→「楽しみにしている」と考える。**35, 208** 参照

591.「口にする」→「言う」　「〜ほど大切なものはない」**172** 参照

592.「(それを)欠くことができない」→「それがなくてはやってゆけない」can't do without it

593.「〜にもかかわらず」→「〜けれども」

Manabu : Hi, Tom! Are you ready for the school trip next Saturday?
Tom : School trip? I didn't know that we would have a school trip so soon. Where are we going?
Manabu : Well, we are going to Kabuto-yama.
Tom : Wow! That sounds great.
Manabu : (1) ＿＿＿＿＿＿＿＿＿＿＿＿＿＿＿＿ in the morning. You (2) ＿＿＿＿＿＿＿＿＿＿＿＿＿＿＿＿.
Tom : OK. I'll be on time. What are we going to do?
Manabu : A lot of fun activities! We (3) ＿＿＿＿＿＿＿＿＿.
Tom : That will be exciting.
Manabu : There are no shops and restaurants up there, so (4) ＿＿＿＿＿＿＿＿＿＿.
Tom : OK. Thanks. I can't wait!

596. 以下の空欄に，文脈から判断し，4～6語の英文を書きなさい。［制限時間5分］

（大阪教育大附高平野）

(1) *A*: Here's an interesting quiz. Do you want to try?
B: Yes.
A: ＿＿＿＿＿＿＿＿＿＿＿＿＿＿＿＿＿＿＿＿＿＿＿＿?
B: That's easy. The answer is the elephant.
A: No. I think an elephant is smaller than a whale.

(2) *A*: I walk to my office every morning.
B: Really? How long does it take?
A: ＿＿＿＿＿＿＿＿＿＿＿＿＿＿＿＿＿＿＿＿＿＿＿＿.
B: I can't believe that. It's too long! Don't you mean fifteen?

着眼

595. 表（*p*.69）を参考にして，だいたい以下のような内容を答えるとよい。
(1) 午前9時 仁川駅 集合　(2) 遅れる場合は学校に連絡
(3) ゲームや歌などの活動を行う予定　(4) 昼食（弁当）と飲み物を各自 持参

596. (1) 最後の文「ゾウはクジラより小さいと思う」から，動物の大きさに関する質問を考える。

(3) *A*: I'm going to Kanazawa this Saturday.
B: That's nice. ______________________________.
A: Really? I have a map. Would you tell me where to visit?
B: Well, I don't know because my family moved to a different city when I was five.

(4) *A*: Hi, Jane, how was your trip to San Francisco?
B: Oh, it was great!
A: ______________________________?
B: Yes. We visited our daughter's house to see our grand children.

597. 次の (1)〜(4) の対話を読んで，それぞれの空所に（　　）内に示した日本語の意味を表す英語を書きなさい。［制限時間４分］ (筑波大附高)

(1) *A*: You look tired.
B: ______________________________.
(宿題がたくさんあって，きのうはほとんど寝る時間がなかったんだ)

(2) *A*: I hear Susan's brother is a member of the baseball club.
B: Yes, he is. Oh, the team is practicing over there. Let me see.... ______________________________.
(ベンチのそばに立っている背の高い選手を見てよ)
That's her brother.

(3) *A*: Can we walk to the hotel from the station?
B: Well, it takes about fifteen minutes by bus.
A: I see. ______________________________.
(歩いて行くのは難しいわね)

着眼

596. (3) 最後の文「５歳のときに家族が引っ越してしまった」から，*B* がかつて金沢に住んでいたことが推測できる。
597. (1)「ほとんど時間がない」have little time
(2) Let me see. えーと

(4) *A*: You're taking dancing lessons, aren't you?
B: Oh, yes. I have two lessons every week. But why?
A: I love dancing, too. ______________________________.
(どこで習ったらいいか知りたくてね)

598. 例にならって，次の (1) から (5) の［　］内の語句を与えられている順にすべて用い，さらに必要な語を加えて，話の筋が通るように英文を作りなさい。

［制限時間８分］（お茶の水女子大附高）

［例］Ms. Williams is a teacher and [there, thirty, children, class].
→ Ms. Williams is a teacher and there are thirty children in her class.

Peter was eight and a half years old. (1) [He, went, school, his house]. He always went there and came home on foot. (2) [He, usually, got back, time, but, last Friday, he, came home, school, late]. His mother was in the kitchen. She saw him and said to him, "Why are you late today, Peter?"

(3) "[My teacher, was, angry, and, sent, me, headmaster, our lessons]," Peter answered.

"Headmaster?" his mother said. "Why?"

(4) "[Because, she, asked, question, class, and, only, I, could, answer, it]. No one else could give the answer," Peter said.

His mother was angry. "But why did the teacher send you then? (5) [Why, didn't, she, send, all, other, children, him]?" she asked Peter.

"Because her question was, 'Who put the glue on my chair?'" Peter said.

(注) headmaster 校長先生　　glue のり

着眼

598. (5)［　］内の she はピーターの先生，him は校長先生を指している。

599. 次の会話が自然な流れになるように，下線部に7語以上の英文を1文補いなさい。なお，I'm などの短縮形は1語として数え，カンマ（,），ピリオド（.），クエスチョンマーク（?）などは語数に含まない。［制限時間2分］　（滝高）

A : Hello.　This is David McDonald.　Can I speak to Mr. Brown, please?
B : I'm sorry, but he is out now.
A : ________________________________
B : Yes.　Let me check his schedule.　Well, he'll be back around five.

600. 次の日本文の下線部をそれぞれ英語になおしなさい。［制限時間10分］

（東大寺学園高）

近年，通信技術や交通手段の発達によって，世界各国の間で情報のやりとりや人の行き来がさかんである。私たちのもとへも，海外のニュースや映像が，テレビや新聞，雑誌などを通じてどんどん入ってくる。また，旅行や勉強，仕事で海外に行く人，外国からやってくる人の数もますます増え続けている。(1) <u>こうして，知らない国の生活や文化に触れたり，あるいは，日本にやってきた外国の人とじかに接したりする機会が多くなってきた</u>。ところが，外国の人々と接するときには，日本人どうしの場合とちがって，行き違いが起こりやすい。そういう行き違いや誤解をなくし，おたがいに理解し合うには，どういうことに気をつければよいのだろうか。まず思い浮かぶのは，言語の問題である。(2) <u>人間は，事実や自分の考えを相手に伝えることによって，お互いに理解し合うが，そのとき最も大きな役割を果たすのは言葉である</u>。相手の言語を知らなければ，話は通じない。

着眼

599. 最後に *B* がブラウン氏が戻る時刻を *A* に伝えているので，下線部には「彼（ブラウン氏）がいつ［何時］に戻るか教えてくださいませんか」という主旨の英文が入ると考えられる。

600. (1) ここでは「こうして」は as a result,「～とじかに接する」は meet ～ などで表現してもよい。
(2) 大きな役割を果たす play an important role

◆ 自由英作文問題に取り組む前に…

自由英作文（テーマやだいたいの語数が指定され，内容は自由）に対しては，和文英訳とはまた違う対策が必要である。次の点を心に留めておこう。

攻略法 1　無理をしない!

● **短い文で構成しよう**

基本パターンの英文を応用し，短い文で構成する。長い文を書く必要はない。

● **自信のない単語や表現は使わない**

「これならだいじょうぶ！」と言える単語や表現，構文で構成できる内容を検討する。うろ覚えの単語イディオムなどを使うのは避けよう。

攻略法 2　起承転結を意識しよう!

起 ⇒ 主題を述べる

まず最初に結論 (自分の意見・立場) を簡潔に述べる（ここがいちばん大切)。

例)「私のいちばん好きな季節は［　　　］」

承 ⇒ 例をあげる

自分の意見をサポートする理由や例をあげる。

例)「［　　　］には～がある」「［　　　］には…ができる」

転 ⇒ 反例をあげる

自分の意見とは反対の例をあげ，主題を強調する。ただし，制限語数を越えそうならば「転」は省略してもよい。

例)「［　　　］には不都合な～もある。が，［　　　］には…」

結 ⇒ 結論を述べる

「起」で述べた内容を簡潔にまとめ，論旨を再度 強調して，締めくくる。

例)「だからやはり［　　　］が好きである」

自由英作文

601. あなたの将来の夢について，60語程度の英語で書きなさい。解答の最後に使用した語数を記すこと。ただし，句読点は語数に含まないこととする。

［制限時間10分］（慶應女子高改）

602. 次のトピックについて，あなたの考えをその理由を含めて５つ以上の英文で書きなさい。ただし，１つの英文は５語以上とし，記号（．／，／？／！）は単語として数えません。なお，【参考】に主な国名を挙げていますが，それ以外の国名を使ってもかまいません。［制限時間10分］（関西学院高）

"You are going to visit a foreign country for a month. Which country would you like to visit? Why?"

【参考】Australia, Brazil, Cambodia, China, France, Germany, India, New Zealand, Spain, the UK, the USA

603. 次の指示に従って，英語で答えなさい。［制限時間12分］（法政大第二高）

あなたの尊敬する人物を１人挙げ，どんな人物なのかを説明し，尊敬する理由を述べなさい。なお，I respect ～.（私は～を尊敬します）という表現で始めること。

*英文は１文につき６語以上とし，全体で30～50語で書くこと。

*人名のスペリングがわからない場合は，ローマ字でもよい。

604. 日本の習慣を知らない外国人に「お年玉」を英語で説明したい。次の文で書き始め，残りの部分を３文以上で完成しなさい。［制限時間12分］（広島大附高）

"Otoshidama" is a Japanese custom. (　　　　　　　　　　　　)

605. 次の指示に従って，50語程度の英語を書きなさい。［制限時間12分］　（灘高）

今年の４月に，サム（Sam）という15歳の少年があなたの家で２週間ホームステイする予定である。日本に初めてやってくる彼を案内してあげたいと思う場所を次のア～エより１つ選んで，その理由を書きなさい。ただし，解答欄には選択した場所の記号を示した上で，与えられた書き出しに続くような形式で書きなさい。

*案内してあげたい場所

ア Tokyo　　イ Kyoto　　ウ Hiroshima　　エ Okinawa

Dear Sam,
I'm looking forward to your visiting this spring vacation. When you are here, I really want to take you to
(　　　　　　　　　　　　　　　　　　　　　　　　　　　　　　　)

難 **606.** 次のア・イのうちから１つ選んで，どういうものであるかを20～30語の英語で説明しなさい。ただし，どちらを選んだかを記号で示した上で，This means に続けて書くこと。［制限時間12分］　（灘高改）

ア 千羽鶴　　　　イ 鯉のぼり

難 **607.** 文明の発達を象徴するものとして，たとえば次の２つのものが挙げられる。これらによってどのようなことが可能になっているのか，また可能になるのかを，この中から１つ選んで30語程度の英語で書きなさい。［制限時間12分］

（東大寺学園高改）

ア railway[railroad]　　　　イ computer

着眼

606. 鯉のぼり a carp streamer

難608. 日本の文化を知らない外国人を念頭において，日本の「七五三 (*shichigosan*)」の習慣について40語程度の英語で説明しなさい。なお，使用した語数を解答の末尾に記すこと。必要があれば，次の語句を参考にしなさい。［制限時間15分］

（お茶の水女子大附高）

a shrine / shrines（複数形）「神社」

(　　　　　words)

難609. You are now on vacation in a city in Europe. You have bought a postcard to send to your friend. In your postcard to your friend, you must:

1) tell your friend about two different things you have done on this vacation,
2) say something about the weather,
3) write about something that surprised you,
4) and write 40-50 words (in English).

与えられた初めと終わりの部分は語数に含めない。末尾に語数を書くこと。

［制限時間12分］（ラ・サール高）

Dear Jackie,
I'm having a very interesting vacation here.

I'll see you when I get back next week.
Best wishes.

(　　　　　words)

着眼

609. Best wishes. お元気で（手紙の結びなどで用いる表現）

610. Please imagine you are the principal of your junior high school. What two changes will you make? For each change give one or two reasons. [制限時間10分]　(慶應女子高改)

611. 日本の文化を知らない外国人を念頭において，「割り箸 (*waribashi*)」について40語程度の英語で説明しなさい。なお，解答の文尾には使用した語数を記すこと。必要があれば，次の語句を参考にしなさい。[制限時間８分]（お茶の水女子大附高）

a chopstick / chopsticks (複数形)「箸」
a stick / sticks (複数形)「棒，棒状のもの」
split (過去形・過去分詞も同形)「割る」

(　　　　words)

612. あなたは交換留学生としてアメリカ New York の Jones 家にホームステイすることになりました。あなたの自己紹介と留学中にしたいことを，それぞれ５文程度で書いて手紙文を完成しなさい。ただし，下記の ○○○ はあなたの名前を示していることとする。[制限時間８分]　(広島大附高)

Dear Jones Family,
How do you do? My name is ○○○. I'm going to your city as an exchange student. I hear that you will be my host family.

I'm looking forward to hearing from you very soon.
Sincerely,
○○○

着眼
610. principal 校長　**612.** as an exchange student 交換留学生として

613. ４月にニュージーランドから留学生のJason君があなたのクラスにやってきます。あなたはクラスを代表して，学校生活について伝える手紙を書くことになりました。書き出しに続けて，次の内容を50語程度で書きなさい。ただし，書き出しの部分と結びの部分は語数には入りません。なお，使用した語数を解答欄の指定された場所に必ず書きなさい。

*始業は８時20分で，月曜から金曜までは６時間，土曜は４時間 授業がある。

*学校では制服を着用するが，貸してもらえるので，サイズを知らせてほしい。

［制限時間６分］（渋谷教育学園幕張高）

Dear Jason,
We are excited to have you in our class at Shibuya Makuhari. You are new to Japan, so I would like to tell you something about school life at Shibuya Makuhari.

We are looking forward to seeing you and having a good time together. We can't wait.

(　　　　　　words)

614. タイムマシンに乗って過去にさかのぼり，人に会うとする。そのときにいちばん会いたい人物（自分を選んでもよい）とその理由を20～30単語の英語で書きなさい。［制限時間４分］

（甲南高）

〈執筆者〉 **Team BD6**（誉田進学塾グループ難関高校受験対策英語科特別チーム）
誉田進学塾／誉田進学塾 **ism**／誉田進学塾 **sirius**（本部千葉市）の英語科スタッフから，難関高校を目指す受験生の願いを叶えるために編成された特別チーム。同塾グループは，読売ウィークリー誌が企画した「高校進学塾『合格力』ランク」において，公立編３年連続首都圏No.1，私立国立編千葉県No.1を達成し，圧倒的な合格実績を誇る難関中高大学受験専門の進学塾。自ら未来を拓く子に育てるという「真の意味での英才教育」の下，毎年難関校に多数の進学者を輩出している。

鴇田　隆（ときた　たかし）
大学で英文学を専攻。私立中高で長年教壇に立ち，同塾では英語科教科長として活躍。わかる授業で生徒からの信頼も厚い **Team BD6** のリーダー。

石﨑　善信（いしざき　よしのぶ）
米国で学んだ考古学の道から転身。本場の英語を知りつくすスペシャリスト。

糸日谷　礼子（いとひや　れいこ）
明るい笑顔と鋭いツッコミが自慢の，絶大な人気を誇る英語科のマドンナ。

神田　篤弘（かんだ　あつひろ）
独自の「やる気アップメソッド」で受験生の学習・進路指導に腕を振るう。

溝川　誠（みぞかわ　まこと）
「公立高校入試解説」の生放送でおなじみの，文系科目を網羅する博識講師。

田村　威（たむら　たけし）
熱血指導で，生徒をゴールに導く同塾グループ運営本部長。長年の実績をもつ。

Beyond Your Dream!

シグマベスト
最高水準問題集　特進
中学英文法・英作文

編　者　文英堂編集部
発行者　益井英郎
印刷所　NISSHA株式会社
発行所　株式会社文英堂
〒601-8121　京都市南区上鳥羽大物町28
〒162-0832　東京都新宿区岩戸町17
(代表)03-3269-4231

●落丁・乱丁はおとりかえします。

特進

最高水準問題集

中学 英文法 英作文

解答と解説

文英堂

Part 1 英文法編 レベル 1

p.6

適語選択

1. イ　**when**や**if**など〈時〉や〈条件〉を表す副詞節の中では，未来のことを現在形で表す（willを用いない）。ここでは主語がitなので，rainに3人称・単数・現在のsがつく。

> **〈時〉や〈条件〉を表す副詞節 ⇒ 未来の内容であっても，willを用いないで表現する。**
>
> 例）*If* it **rains** tomorrow, we won't play baseball.
> （あす雨が降れば，私たちは野球をしません）
>
> 例）I'll go out *when* he **comes** home.（彼が帰宅したら私は出かけます）
>
> 彼が帰宅するのはこれから先のことだが，when（～とき）は〈時〉を表す副詞節を導くので，動詞をcomesにする（×will come）。
>
> 比較）I don't know *if* it **will rain** tomorrow.
> （あす雨がふるかどうかわからない）
> I don't know *when* he **will come** home.
> （彼がいつ帰宅するかわからない）
>
> 上の2文では，ifは「～かどうか」，whenは「いつ～か」という意味を表し，それぞれknowの目的語になっている（名詞節）。その場合，未来の内容はwillを用いて表現する。

2. イ　**forget**はto不定詞と動名詞の両方を目的語とすることができるが，意味が異なる。to不定詞ならば「(これから) ～することを忘れる」の意味を表すのに対して，動名詞ならば「(すでに) ～したことを忘れる」の意味を表す。

> **〈to不定詞を目的語にとる動詞 / 動名詞を目的語にとる動詞〉**
>
> A to不定詞を目的語にとる動詞
> C 両方を目的語にとる動詞
> B 動名詞を目的語にとる動詞
>
> A のグループ：want, decide, hope, wish, plan, promise など
> 例）I **want** to learn Chinese in college.（大学で中国語を学びたい）
>
> B のグループ：finish, enjoy, stop, give up, mind（いやに思う），avoid など
> 例）I don't **mind** waiting here for him.（ここで彼を待つのでもかまいません）
>
> C のグループ①：like, love, begin, start, continue, hate など
> 例）I **like** to play [playing] tennis.（テニスをするのが好きだ）

C のグループ②：remember, forget, try

remember　**remember to** 原形　「忘れずに～する」
　　　　　remember -ing　「～したことを覚えている」

例）Please **remember** to meet her tomorrow.
（あす忘れずに彼女に会ってください）

例）I **remember** meeting her before.
（以前 彼女に会った覚えがあります）

forget　**forget to** 原形　「～するのを忘れる」
　　　　forget -ing　「～したことを忘れる」

例）Don't **forget** to meet her tomorrow.
（あす彼女に会うことを忘れないで）

例）I'll never **forget** meeting her.
（彼女に会ったことをけっして忘れません）

try　**try to** 原形　「～しようとする」
　　　try -ing　「試しに～する」

例）I **tried** to climb the mountain.（その山に登ろうと試みた）
⇒ 実際に登ったのかどうかは不明。

例）I **tried** climbing the mountain.（試しにその山に登ってみた）
⇒ 実際に登ってみた。

3.　イ　**I miss you.** と言えば，「あなたがいなくてさみしい」という決まった表現で，ぜひこのまま覚えよう。

4.　エ　何か熱い飲み物をもってきていただけませんか。
重要 something に形容詞をつける場合，形容詞を something の後ろに置く。to 不定詞はさらにその後に置く。⇒ **something** hot to drink（熱い飲み物）

5.　ア　彼を手伝う必要はありません。
don't need to 原形 = don't have to 原形 = need not 原形（～する必要はない）
エ need not は助動詞で，後ろに動詞 原形がくる（to は必要ない）。

6.　ア　パーティーに招待してくれてありがとう。
Thank you for -ing.（～してくれてありがとう）
重要 前置詞の後には名詞・動名詞がくる。

7.　イ　タケシは読書好きで，私の３倍の数の本を読んでいる。
重要「～と 同じくらい 多くの本」は as **many books** as ～ と表現する。twice（２倍），three times（３倍）などの倍数表現は１つ目の as の前に置く。

8.　イ　彼と弟は東京に行ったことがないよね。
① He and his brother ⇒ 代名詞は they で受ける。
② have never は haven't と同じ否定文と考える。⇒ 付加疑問では have を用いる。

付加疑問の基本
〈肯定文…，否定疑問？〉
例）You know Mr. Suzuki, **don't you?**（鈴木先生を知ってますね）
〈否定文…，肯定疑問？〉
例）Ken doesn't have a car, **does he?**（ケンは車をもってませんね）

9. ウ　**私にはいとこが２人います。一人は看護師で，もう一人は教師です。**
twoがポイント。「(２者のうち) 一方は～，もう一方は…」という場合，one / the other を用いる。

p.7 ———

10. ウ　**「将来何をしたいですか」「まだ決めていません」**
stillとyetの違いに気をつけよう。stillは「まだ，いまでも，依然として」**〈継続〉**の意味で，yetは否定文で用いると「まだ（～ない）」**〈未完了〉**の意味を表す。受動態にする必要はないので，エは不適当。

11. エ　**この犬はまだぬれている。雨の中から戻ってきたばかりだ。**
「ちょうど～したところだ」は現在完了〈完了〉の用法で，justはこの用法でよく用いられる。口語では過去時制で用いられることもある。

12. イ　**長く歩いた後で，あなたは疲れているにちがいない。**
mustの意味は，おもに①「～しなければならない」**〈義務〉**，②「～にちがいない」**〈推量〉**

13. ア　**父は１年に約３冊の本を書いていますが，あまり売れていません。**
この場合a yearのaは「～につき」の意味。前置詞は不要。イ yearに冠詞がないから誤り。エ whileは接続詞なので後に文（節＝S＋V）を続けないとダメ。

14. ウ　**ほとんどの生徒たちはその試験に合格した。**
almost（ほとんど）とevery（すべての）の後にはof ～ は続かない。everyの後には単数名詞が続く。muchは数えられない名詞に用いられる。

almost	○ **almost all** the students	○ **almost every** student
	× almost students	× almost of the students
every	○ **every** student	× every students
	× every of the students	
most	○ **most** students	○ **most of the** students
	× most all the students	

15. エ　**彼女はクラスのすべての生徒の中で最もじょうずにピアノが弾ける。**
She can play the piano well. にof all（すべてのうちで）がついて，wellが最上級になる。well ― better ― bestと変化する。**副詞の最上級にはtheをつけてもつけなくてもよい。**

16. エ　**東京駅で電車を乗り換えなければいけませんか。**
change trains（電車を乗り換える）。trains のように複数形にするのがポイント。電車はひとつだけでは乗り換えられない。→ **120 イ** 参照

17. エ　**彼はしばらく日本に住んでいるのに，日本語を話せません。**
接続詞の意味の問題。though（～だけれども，～にもかかわらず）

18. エ　**その山の頂上は雪でおおわれている。**
***be* covered with** ～（～でおおわれている）

19. イ　**いまこれ買いたいんだけれど，お金がまったくないんだ。明日まで20ドル貸してくれない？**
until [till]（～までずっと）〈**継続**〉　比較〉by（～までには）〈**完了**〉
「明日までずっと貸してもらいたい」の意味なので，〈**継続**〉の意味を表す until が正しい。
by では，「明日までには貸してほしい」というような意味になって，不自然。

20. イ　**彼はこの前の日曜日からずっと欠席している。**
be absent from ～（～を欠席する）の表現につられて ア を選ばないように。「～から（ずっと）」の意味の since を選ぶ（現在完了・継続）。

21. ア　**ご家族の方々によろしくお伝えください。**
say hello to ㊇（㊇によろしく伝える）

p.8

---

22. エ　*A:* **ハイキングに行くのはどう？**　*B:* **それはいいね。**
sound like ～（～ように聞こえる）
参考〉**look like** ～（～ように見える），**feel like** ～（～のように感じる）

23. エ　**何時にその駅に着きますか。**
get to ～ = arrive at [in] ～ = reach ～（～に到着する）
reach だけが前置詞を必要としないことに注意。

24. イ　**財布をなくしてしまったので，財布を買わなければならない。**
it は前に出たものと同一のもの，one は前に出たものと同種類のものをさす。この問題では，「なくした財布」そのものではなく，別の（新しい）財布だから one を使う。

〈**代名詞 it と one の違い**〉
① I have lost my dictionary.　I must buy **one** (= a dictionary).
（辞書をなくしてしまった。ひとつ買わなければならない）
② I have lost my dictionary.　I must find **it** (= the dictionary).
（辞書をなくしてしまった。それを見つけなければならない）
①にように a/an ＋単数名詞に置きかえられるならば one を用いる。②では it は「なくしてしまった辞書そのもの」を指す。この場合 the ＋単数名詞に置きかえられる。

25. ア　**あれ，カップが空ですね。コーヒーをもう一杯いかがですか。**
another cup of coffee（もう一杯のコーヒー）

26. ア 「どれくらい（の頻度で）映画を観に行きますか」「そうだね，１か月に１回か２回」
How often ～? は頻度をたずねる表現。

27. ア あなたは宿題をするべきだ。
ought to [原形] **= should** [原形]（～するべきである）
must, will の場合，to は不要。*be* going to [原形] の形で用いるので，エは不適切。

28. ウ 太郎はその４人の中で２番目に年上である。
「～番目」と言う場合，〈**the** 序数＋最上級〉で表す。
例）**the** second **largest** city in this country（この国で２番目に大きな都市）
以降同様に，the third ～，the fourth ～，the fifth ～，... となる。

29. ウ 模型飛行機を作ることに興味があります。
前置詞の後ろに置くことができるのは名詞・動名詞。

30. エ この事務所には５人の鈴木さんがいます。１人は東京出身で，残り全員が横浜出身です。
重要 ３者以上の場合，ひとつ・ひとりを one で表し，「残りすべて」を the others で表す。２者の場合は → **9** 参照

〈**one / the other(s)**〉
２者の場合 **one ～, the other ...** ● + ▲
３者以上の場合 **one ～, the others ...** ● + [▲ …] ←残りすべて，その他全部

31. エ ジョン：きみはヘンリーのパーティーに行かなかったよね。
ビ ル：うん，行かなかった。
日本語では相手の質問の内容が正しいかどうかで「はい」「いいえ」と答えるが，英語では質問の述語部分に対して肯定の答えならばYesで，否定の答えならばNoで表現する。

〈否定疑問（否定文の付加疑問）の答え方に注意！〉
例）Tom **didn't come** here, **did he?**（トムはここに来なかったよね）
▶ 来た場合 ⇒ **Yes**, he did.（いいえ，来ましたよ）
▶ 来なかった場合 ⇒ **No**, he didn't.（はい，来ませんでした）
… × Yes, he didn't. はダメ！

32. エ 彼は妹よりもたくさんの本をもっている。
He has many books. を応用して，比較級にした文。(many — more — most)

p.9

適語補充

33. **to love [like] her**

「彼女に会うこと (To see her) = 彼女を好きになること (to love her)」と考える。

34. remember borrowing

重要 **remember -ing**（〈過去に〉～したことを覚えている）→ **2** 解説参照

35. forward, going

重要 **look forward to -ing**（～するのを楽しみにする）

to は前置詞！　不定詞の to ではない。⇒ 前置詞のあとは名詞か動名詞（-ing 形）。

〈前置詞＋動名詞（-ing）〉

after -ing（～したあとで）/ before -ing（～するまえに）

Thank you for -ing.（～してくれてありがとう）

How about -ing?（～するのはどうですか）

on -ing（～するとすぐに）/ in -ing（～する際には）

look forward to -ing（～するのを楽しみする）

***be* used to -ing**（～するのに慣れている）

36. it will stop raining

間接疑問の語順は，〈疑問詞＋S＋V ～〉になる。

〈間接疑問〉

間接疑問とは，文の中に疑問文が組み込まれた構造のこと。

文

I don't know when it will stop raining.

I don't know. + When will it stop raining?

間接疑問を作る手順 ⇒ 疑問文を平叙文の語順〈主語＋動詞～〉にする。

○ I don't know when it will stop raining.

× I don't know when will it stop raining.

間接疑問詞を文頭に出す間接疑問

例1）「トムが何をほしがっているが知ってますか」

⇒ Yes / No で答えられる。　⇒ Do you ～？で始める。

Do you know **what** Tom wants?

例2）「トムが何をほしがっていると思いますか」

⇒ Yes / No で答えられない。⇒ 疑問詞で始める。

What *do you think* Tom wants?

37. in time

直訳すれば，「時間内に[間に合って]願書を送らなかった」

in time（時間内に，間に合って）　比較〉on time（時間通りに）

38. about another

How about ～?（～はいかがですか），another cup of ～（もう1杯の～）
about は前置詞なので，名詞のほかに，動名詞があとに置かれることもある。
例）How about going to the movies tomorrow?（あす映画に行くのはどうですか）

39. church standing, built

standing on the hill（丘の上に立っている）が現在分詞句として直前の The church を修飾している。「建てられた」は受動態（be＋過去分詞）で表現する。

〈名詞を修飾する分詞〉
【意味】 現在分詞（動詞原形＋ ing）は能動の意味：「～する，～している」
過去分詞は受動（受け身）の意味：「～された，～されている」
【位置】 ① 分詞が単独で名詞を修飾する場合：前から修飾
例）Keep away from **moving** trains.
（動いている 電車から離れなさい）
例）My brother bought a **used** car last week.
（兄は先週中古車［使われた 車］を買った）
② 〈分詞＋語句〉が名詞を修飾する場合：後ろから修飾
例）Who is the girl **dancing** *on the stage*?
（舞台で踊っている 女の子はだれですか）
例）Father gave me a book **written** *in English*.
（お父さんが英語で書かれた 本をくれた）

40. kind または sort

a kind［sort］ of ～（～の一種）

41. before it gets［becomes］

「暗くならないうちに」という日本語に惑わされないようにしよう。「暗くなる前に」と考えるとわかりやすい。〈**get** 形容詞〉で「（ある状態に）なる」という意味を表す。
例）Jessica *got angry* with me.（ジェシカは私に腹を立てた）

42. help me with

help Ⓐ **with** ～（Ⓐの～を手伝う）

43. how

That's［This is］ how S＋V～（そのようにして［このようにして］～）
例）*That's how* we spent the summer vacation.
（そのようにして私たちは夏休みを過ごしました）
This is how I began to learn Chinese.
（このようにして私は中国語を学び始めました）

44. to talk with [to]

①「話しやすい」⇒「話しかけやすい；いっしょに話をしやすい」と考える。

②〈形容詞 to 原形〉で「〜するのに…」の意味を表すことがある。

例）This instruction manual is *easy to read.*（この取扱説明書は読みやすい）

③ talk は自動詞なので，talk to または talk with とするのがポイント！

比較〉The poor boy has no house to live in.（その貧しい少年には住む家がない）

I was looking for something to write with.（私は書くものを探していた）

p.10

45. poor [bad], skiing

① ***be* poor [bad] at** 〜（〜が下手である）⇔ ***be* good at** 〜（〜が上手である）

② 前置詞 at の後ろなので，動詞 ski（スキーをする）を動名詞（-ing形）にする。

46. was told, to do more

⇒tell 人 to 原形（人に〜するように言う）の受け身を使う。⇒ *be* told to 原形

②「運動する」は do exercise,「もっと」は much の比較級 more を使う。

47. twice as many books

① **twice as** 原級 **as** *A*（*A* の２倍…）

② ここでは as と as のあいだに many books と入れられるかがポイント！

×He has books twice as many as I (do). の語順にはならないことに注意。

48. heard, swimming

① **hear from** 人（人から連絡をもらう）

前に have があるので，heard（過去分詞）にする。

② **重要** **enjoy は動名詞を目的語にとる。**動名詞を目的語にとる動詞はほかに stop, give up, finish, mind, avoid など。→ **2** 解説参照

49. parked, father's

park（駐車する）の過去分詞（parked）が across 以下を伴って直前の名詞（car）を修飾している。→ **39** 解説参照

50. that book, spent

① **spend** 時間 **(in) -ing**（〜して時間を費やす・過ごす）

② that book (which/that) she spent 〜 ⇒ 関係代名詞（which/that）が省略されている。

51. afraid, wrong

① I'm afraid 〜（〈残念ながら〉〜と思う）⇔ I hope 〜（〜だとよいと思う）

② wrong（間違っている）⇔ right（正しい）

52. catch up with

catch up with ～（～に追いつく）

53. one after another

one after another（次々に）

54. No other, English as [so] well as

〈最上級の意味を別の比較表現で表すパターン〉

＝ **No other** 単数名詞 ... 比較級 **than** *A*　（*A* より～な____はほかにない）

＝ **No other** 単数名詞 ... **as** 原級 **as** *A*　（*A* ほど～な____はほかにない）

どちらの表現も *A* がいちばんであることを表している。空所の数からどちらの表現を用いるか判断する。

p.11

---

55. were killed in, accident

重要 ***be* killed in ～**（〈事故や戦争などで〉亡くなる）

〈前置詞に注意すべき受動態の慣用表現〉

be filled with ～	～で満たされている	
be known to ～	～に知られている	
be made of ～	～でできている	〈材料〉
be made from ～	～から作られている	〈原料〉
be interested in ～	～に興味をもっている	
be satisfied with ～	～に満足している	
be worried about ～	～について心配している	
be pleased with ～	～が気に入っている	
be surprised at ～	～に驚く	
be disappointed at ～	～に失望する	

56. cost, repaired [fixed]

① 重要 **It costs** Ⓐ 費用 **to** 原形（Ⓐが～するのに…の費用がかかる）

比較〉**It takes** Ⓐ 時間 to 原形（Ⓐが～するのに…の時間がかかる）

② **get [have]** 物 過去分詞（物を～してもらう・～させる〈使役〉；物を～される〈受身〉）

比較〉**get** Ⓐ **to** 原形（Ⓐに～してもらう・～させる）

57. to

重要 ***be* known to** Ⓐ（Ⓐに知られている）

58. wait to see [meet]

can't wait to see の直訳は,「あなたに会うのが待てない → あなたに会うのが待ちきれない」

59. Few students

「ほとんど～ない」と表現する場合は，数えられる名詞（複数形）に few をつける。

重要 a があるならば「少しはある」，a がないならば「ほとんどない」と覚えよう。

数えられる名詞：**a** few （少しはある），few （ほとんどない）

数えられない名詞：**a** little（少しはある），little（ほとんどない）

60. How come

How come ～?（どうして～か）は口語表現。

重要 How come 以下の語順に注意しよう。疑問文であっても，〈How come 主語＋動詞...?〉の形になる。

例）How come she is so happy?（どうして彼女はあんなに喜んでいるの？）

　＝ Why is she so happy?

61. your business

That's none of your business.（それはまったくあなたのすべきことではない → よけいなお世話だ）＝ **Mind your own business.**

62. whose fathers are

① 関係代名詞・所有格では，関係代名詞の前後の語が「*A* の *B*」という関係になる。

② ここでは「生徒(*A*)の親(*B*)」という関係で，先行詞は class ではなく students であることに注意。

③ 生徒が複数なので，その父親も複数である。fathers *are* とすることがポイント。

63. a letter which said または a letter saying that

「手紙が届いた」→「私が手紙を受け取った」と考える。無生物（a letter や the newspaper など）が主語の場合，say は「～と書かれている」などを訳すとよい。

64. ninth

September は１年のうちの９番目の月です。

① 序数詞はふつう the を伴う。

② つづりに注意しよう。fifth（５番目），ninth（９番目），twelfth（12番目），twentieth（20番目），twenty-first（21番目），fortieth（40番目）など。

65. introduce

ある人を別の人に紹介するときは，最初にそれぞれの人の名前を教えます。

introduce *A* **to** *B*（*A* を *B* に紹介する）　比較〉introduction（紹介；導入）

p.12

66. **mile between**

英語で「最も長い」単語は SMILES です。最初と最後の文字の間に１マイルあるから。
mile は長さの単位で，1 mile ≒ 1.6 km。between *A* and *B*（*A* と *B* の間に）

67. **missed, time**

お父さんが「昨夜，終電に乗り損ねた」と言えば，終電の時間に間に合わず，乗れなかったということです。
① miss（〈電車などに〉乗りそこなう）⇔ catch（〈電車などに〉間に合う）
② ***be*** **in time for ～**（～に間に合う）⇔ ***be*** **late for ～**（～に遅れる）

68. **language**

日本語は日本で話される言語です。
they は一般の人たちを指す。ここでは日本人のことを指す。

69. （a）**there**　（b）**their**　[ðeə*r*]

（a）彼はニューヨークで生まれて，一生そこで暮らした。
（b）子どもは自分の親から多くのことを学ぶ。

70. （a）**Write**　（b）**right**　[rait]

（a）こちらにお名前とご住所をお書きください。
（b）盗みをすることは正しくない。

71. （a）**piece**　（b）**peace**　[piːs]

（a）紙を一枚いただけませんか。
（b）世界中の人々は世界平和を望んでいます。
数えられない名詞の数量を表すとき，a piece of ～ などを用いて表現する場合がある。
数えられない名詞は複数形にならないことに注意。

〈物質名詞の数え方〉
物質名詞（water, paper, sugar など）は数えられない名詞で，これらの量を表すとき，たとえば次のような単位を用いて表すことができる。

a *glass* of water（コップ１杯の水）　a *piece*[*sheet*] of paper（紙１枚）
a *cup* of coffee（カップ１杯のコーヒー）　a *piece* of chalk（チョーク１本）
a *slice* of bread（パン１枚）　a *spoonful* of sugar（砂糖スプーン１杯）

重要「コップ２杯の水」は？
水は数えられないので複数形にならない。コップ（glass）を複数形にする。
two glasses of water（コップ２杯の水）
three cups of hot milk（カップ３杯のホットミルク）

72. (a) **sun** (b) **son** [sʌn]

(a) 太陽は東から昇り，西に沈む。

(b) 私たちには，息子ひとり，娘ふたりがいます。

73. (a) **knows** (b) **nose** [nouz]

(a) 地球が丸いということをだれもが知っている。

(b) 顔についている鼻は，においをかぐために使われる。

74. (a) **threw** (b) **through** [θruː]

(a) 彼は雪玉をつくって，ぼくに投げた。

throw—threw—thrown—throwing（投げる）

(b) 彼は鍵をもっていなかったので，窓から家に入らなければならなかった。

through（～を通り抜けて，～から）

75. (a) **won** (b) **one** [wʌn]

(a) きょうはビジターチームが試合に勝った。

win—won—won—winning（勝つ）

(b) ガーデニングに関する本はありますか。1冊借りたいのですが。

one は不定代名詞で，前に現れた名詞と同種類のものを受ける。それそのものを指すならば it を用いる。→ **24** 解説参照

76. (a) **Would** (b) **wood** [wud]

(a)「紅茶はいかがですか」「はい，いただきます」

Would you like ～?（～はいかがですか）

(b) このテーブルは木でできている。

p.13

---

77. **for**

(a) あなたの考えに賛成です。

for（～を支持して，～に賛成して）⇔ **against**（～に反対して）

(b) その本に5ポンドを支払った。

pay 金額 **for** 物（物の代金として～の金額を支払う）

78. **come**

(a) 小さなレストランを開くという私の夢が実現した。

come true（実現する）⇒ 問題文では come は過去分詞。

(b) あなたたちはどこでその有名な歌手に出くわしたのですか。

come across ～（～に偶然会う）= happen to meet ～

79. **leaves**

(a) 木の葉が黄色くなりつつあります。

(b) あす彼女は東京へ向けてロンドンを発ちます。

(c) 彼は列車内に傘を置き忘れることが多い。

leaf（葉），複数形は leaves。**leave** *A* **for** *B*（*B* に向けて *A* を出発する）。最後の leave は「置き忘れる」の意味。

80. **right**

(a) そのお店は通りの右側にあります。

(b) あなたには私を止める権利はありません。

(c) ただちに始めましょう。

right（右の）⇔ left（左の），right（権利），**right away**（ただちに）

81. **most**

(a) 彼が書いた本のほとんどをすでに読みました。まだ読んでいないのは３冊だけです。

(b) 旅行するのに最もおもしろい手段は何ですか。船ですか。車？　飛行機？　それとも列車？

most of ～（ほとんどの～）

82. **as**

(a) 彼女はボランティアとしてアフリカへ行った。

(b) 彼女は電話連絡を受けるとすぐに外出した。

as（～として），**as soon as** ～（～したらすぐに）

83. [A] **made**　(B) **up**

お昼に何を注文するかもう決めた？

make up *one's* **mind**（決心する，決める）= decide

比較〉change *one's* mind（気が変わる，心変わりする）

84. [A] **eating**　(B) **with**

友だちのアメリカ人は箸でソバを食べる練習をしている。

practice のあとの動詞は動名詞（-ing 形）。「（道具など）～で」は with を使う。

85. (B) **too**　[A] **shocking**

その知らせはあまりにも衝撃的だったので，僕は驚きを表す言葉が見つからなかった。

too … **to** 原形（あまりにも…なので～できない）

86. [A] **writing**　(B) **to**

なぜだかわからないが，彼女が僕に連絡するのはやめると言ってきたんだ。

write to ～（～に手紙を送る；～に連絡する）

stop のあとの動詞は動名詞（-ing 形）。

p.14

誤文選択 / 誤文訂正

87. ウ　あなたが私の誕生日に買ってくれたプレゼントはどこですか。

Where is the present（主語） [(which / that) you bought for my birthday]?［あなたが私の誕生日に買ってくれた］

88. ○　私は彼の肩に手をかけた。

lay—laid—laid—laying（横にする；置く）
比較〉lie—lay—lain—lying（横になる；ある）

89. ×　あなたがまた会いに来てくれることを希望します。

I hope (that) you will come to me again. が正しい。
×hope Ⓐ to 原形 という形はない。hope を用いるならば，〈hope that 節〉で表現する。「Ⓐに～してほしい」ならば，want Ⓐ to 原形 で表現できる。

90. ○　時間がほとんど残っていなかったので，私たちはすぐに出発しなければならなかった。

time は数えられない名詞なので，few ではなく little を使い，単数扱い。

91. ×　彼女のもとを訪れたとき，夕食の準備をしていた。

When I visited her, she was preparing dinner. が正しい。過去の内容を述べる場合，接続詞 when に続く節の中では現在完了は使えない。

92. ×　あなたは最善を尽くす必要がある。

It is necessary for you to try your best. が正しい。necessary を用いて「Ⓐは～する必要がある」と表現する場合，人を主語に立てず，〈**It is necessary for** Ⓐ **to** 原形〉の形を用いて表現する。

93. ×　東京は世界最大の都市のひとつです。

one of ～（～のうちのひとつ・ひとり）という場合，of の後は複数の名詞になる。
one of the 最上級＋複数名詞（最も～な＿＿のうちのひとつ・ひとり）と覚えよう。

94. ×　私たちは晴天の下で長い間歩いたあと，ついにビーチに着いた。

have walked を had walked（過去完了）または walked（過去形）に直す。過去の内容なので，現在完了は使えない。

95. ×　彼はアメリカ滞在中に運転免許を取った。

during は前置詞なので後に節（S+V）は続かない。while ならば可。あるいは during his stay in America（彼のアメリカでの滞在中に）のように表現するならば可。

96. ○　あの犬たちは彼女に世話された。

前置詞（of と by）が2つ続くところが間違っていそうだが，take care of が1つの動詞と考えられるので，問題はない。I was laughed *at* by all the students in the room.（部屋にいた生徒全員に笑われた）なども可。

97. ○ 彼が会議に遅れると私はみている。というのは，いつも時間通りに来られないから。

forは前置詞としての用法が多いが，接続詞としての用法もある。その場合，「というのは～ので」という〈理由〉の意味を表す。

98. × 兄は辞書をなくしてしまった。兄はひとつ買わなければならない。

辞書をなくしてしまった兄は，別の辞書を買わなければならないから，ここではそれそのものを表すitではなく，同じ種類のものを表すoneにする。

例）He lost *his dictionary* yesterday, but he found *it* this morning.

99. ○ ７月４日の朝，彼女はブラジルに向けて出発した。

「朝に，午前中に」はin the morningだが，特定の日の朝の場合は，前置詞はinではなくonを使う。afternoonやeveningの場合も同様。*on* the morning [afternoon / evening] of September 1（9月1日の朝[午後 / 晩]に）

100. ○ あなたはそんなところにひとりで行くべきではない。

had better not ～（～するべきではない）の語順注意！　×had *not* better ～

---

p.15

101. a → the

当時，ジョンとマシューは同じクラスにいました。

same の前には通例theを置く。基本形としてthe same ～（同じ～）で覚えておこう。

in those days（当時）　比較〉**these days**（最近，近ごろ）

102. ○ あす彼が来るかどうかわからない。

この問題では，ifは副詞節（「～ならば」〈条件〉）ではなく名詞節（「～かどうか」）を導くので，未来の内容についてはwillを用いる。→ **1** 解説参照

103. play → plays

イチローばかりでなくヒデキも野球がとてもじょうずです。

A **as well as** *B* **= not only** *B* **but (also)** *A*（*B*だけでなく*A*も）の表現では，*A*に意味上の重点が置かれ，動詞の形は*A*に対応する。

104. ○ 宿題をしたことを覚えてる。実際には，数週間前に終わっていました。

rememberやforgetなどが動名詞（-ing形）を目的語にする場合，「もうしてしまったこと，すでにしたこと」を表す。→ **2** 解説参照

105. イ → abroad

４月にまた両親と外国へ行く予定です。

abroadは「外国へ」という意味の副詞なので，前置詞toは不要。homeも同様。

例）go *abroad*（外国へ行く），go *home*（家へ帰る）

106. ウ → **to**

彼が財布をなくしてしまったと聞いて，彼らはとても驚きました。

be surprised at ～（～に驚く），*be* surprised to [原形]（～して驚く）

この問題では hear に注目して，to hear の形で用いるのが正しい。

107. エ → **find**

妹が図書館で見つけられなかった小説を探しているんだ。

my sister ～ library が先行詞 the novel を修飾していると考える（関係代名詞・目的格の省略）。関係代名詞節内の文は，先行詞に相当する（代）名詞が関係代名詞になって節の先頭に移動しているため，そのままでは不完全な文になるはずである。

108. イ → **lunch**

ちょうどいまお昼を食べているから，もう少ししてから戻って来てくれませんか。

lunch や dinner は通常無冠詞で使う。have は「もっている」という状態を表す意味では進行形にできないが，「食べている」という動作を表す意味では進行形にできる。

109. イ → **reading**

明日その本を読み終わったら，ぼくに貸してくれないか。

不定詞ではなく動名詞（-ing形）が finish の目的語になる。→ **2** 解説参照

110. ウ → **be kept**

部屋はきれいにしておきなさいよと母はいつも言う。

my room 以下の節（接続詞 that 省略）内の主語は my room で，その述語動詞の部分を考えると，私の部屋が自分で掃除する（keep it clean）ことはありえず，受け身の形（be kept clean）でなければならない。tell me の後が you must keep your room clean ならば可。

111. ウ → **begins**

私たちは雨が降り始めるまでずっと仕事を続けるつもりです。

〈時〉や〈条件〉を表す副詞節の中では未来の内容を will を用いずに現在形で表す。

→ **1** 解説参照

この問題文では，will を取るだけではダメで，現在形にするのだから，begin に3人称・単数・現在の s をつける。

112. ウ → **in which** または **where**

彼は以前有名なアーティストが住んでいた家に住んでいます。

先行詞が場所のとき，〈前置詞＋ which〉または where を使う。×in that は不可。ただし，前置詞を後ろに置く場合は which，that どちらも使える。

He lives in the house **where** a famous artist lived before.
He lives in the house **in which** a famous artist lived before.
He lives in the house **which** [**that**] a famous artist lived **in** before.

113. エ → **once an hour**　　そのバスは１時間に１回この町に来る。

ここではa / anは「～につき」という意味を表す。theにはそのような用法はない。なお，hourはhを発音せず母音で始まるのでanを用いることに注意。

114. イ → **have passed**　　私たちがこの町に来てから10年たちました。

後ろに「～以来ずっと」の意味を表す接続詞sinceが続くので，現在完了がふさわしい。

p.16

115. ウ → **is happy**　　この少年たちは，あなたにはじめて会えて，みんな喜んでいます。

each（それぞれ）は単数扱い。

116. イ → **to guide themselves**

コウモリは，私たちが聞き取れないくらい高い音波を出して，自分自身を誘導できる。

主語と同一(人)物が目的語になる場合は，目的語を再帰代名詞(-self, -selves)にする。

117. イ → **you say**　　日曜日に働くのはいやだとあなたが言うのを私たちは聞きました。

toは不要で，〈**hear O** 原形〉で「Oが～するのを聞く」の意味になる。

〈知覚動詞〉

知覚動詞とは，「見る」「聞く」「感じる」などの意味を表す動詞のこと。

see [**watch**] **O** 原形　「Oが～するのを見る」

hear O 原形　「Oが～するのを聞く」

feel O 原形　「Oが～するのを感じる」

例）We **saw** the woman cross the street.

（その女性が通りを渡るのを私たちは見た）

重要 〈知覚動詞 **O** 原形〉と〈知覚動詞 **O -ing**〉のちがい

例）We **saw** the woman cross the street.

⇒ 渡る（cross）という動作を最初から最後まで見た。

比較）We **saw** the woman *crossing* the street.

（その女性が通りを渡っているのを私たちは見た）

⇒ 渡る（cross）という動作の途中（進行中）を見た。

118. カ → **to the station**

駅までの道を教えくださって，ほんとうにどうもありがとう（← ご親切ですね）。

数えられる名詞なので，単数ならば，a / anやthe，または代名詞所有格などがつく。この場合，（文脈上）最寄駅を特定していると考えられるので，theをつけるのが自然。

重要 **of**を用いる！〈**It is** 形容詞 **of** ㊟ **to** 原形〉

形容詞が㊟の性質・特徴を表すとき，前置詞はforではなくofを用いる。

119. イ → （the） best

すべての果物のうち，私はリンゴがいちばん好きです。

of all the fruitsと続くので，最上級にする。副詞の最上級の場合，theはなくてもよい。

120. ア → lying，オ → remembering

ア　草の上で横になっているあの男の子を知ってますか。

lie を現在分詞 lying になおす。ほかの語句（on the grass）を伴う場合，現在分詞は修飾する名詞の後ろに置く。→ **39** 解説参照

イ　若い中国人の女性と友だちになりました。

make friends with 人（人と友だちになる）⇒ ひとりでは友だちになれない，と考えて，複数形にする。比較〉**shake hands with** 人（人と握手する），**change trains**（列車を乗りかえる）→ **16** 参照

ウ　昼食にどれくらいの時間がありますか。

エ　オーストラリアへは一度も行ったことがありませんね。

never を伴う文（否定文）の付加疑問なので，問題文は正しい。→ **8** 解説参照

オ　あの先生は生徒の名前を覚えるのが得意である。

前置詞（at）の後に動詞を置く場合，動名詞（-ing形）にする。ここではrememberingが正しい。

121. threw → through

大阪を貫流する川は，淀川である。

122. rode → road

道路を横断するときは注意しなさい。

123. piece → peace

私たちは世界の平和のために何かをしなければならない。

p.17 ———

言いかえ

124. quarter to

(a) 9時45分です。　(b) 10時まであと15分です（→10時，15分前です）

quarter は「４分の１」の意味。１時間の４分の１ということで，「15分」を表す。

125. born on

(a) その有名な歌手の誕生日は７月12日です。

(b) その有名な歌手は７月12日生まれです。

日付や曜日の前には on を用いる。*be* born（生まれる）

126. How, sings

(a) (b) 彼女はなんて歌がうまいのだろう。

〈感嘆文の基本〉
How 形容詞／副詞 S＋V ～!　（なんて…なんだろう）
What (a/an) 形容詞＋名詞 S＋V ～!　（なんて…な［　］なんだろう）
例）How interesting this story is!
What an interesting story this is!

127. for him

(a) (b) 父親は彼に新しい自転車を買ってやった。

第４文型（S+V+人+物）を第３文型（S+V+物+ to/for 人）に言いかえるときの前置詞がねらわれる！

to を使う動詞：give, show, tell, send など
例）James showed me some pictures.
（ジェームズは私にいくらか写真を見せてくれた）
⇒ James showed some pictures to me.
for を使う動詞：make, buy, get, find など
例）Meg made us nice cookies.（メグは私たちにおいしいクッキーを作ってくれた）
⇒ Meg made nice cookies for us.

128. It, to be

(a) (b) 友人に親切にすることはとても大切です。

It is ... to 原形（～することは…である）⇒ It は to 原形 以下を指す形式主語。

129. Shall we

(a) (b) 買い物に行くのはどうですか。

重要 勧誘（「～しましょう，～しませんか」）を表す表現

Let's 原形....	Let's go shopping.
Shall we 原形...?	Shall we go shopping?
How about -ing...?	How about going shopping?
Why don't we 原形...?	Why don't we go shopping?

130. what to

(a) (b) あなたに何と言うべきかわからない。

重要 〈疑問詞 **to** 原形〉＝〈疑問詞 S **should** 原形〉

例）My father didn't know | which car to buy.
| which car he should buy.

（父はどちらの車を買うべきかわからなかった）

131. must wash

(a) 夕食の前に手を洗いなさい。

(b) 夕食の前に手を洗わなければならない。

命令文（～しなさい）は〈You must 原形〉と同じ意味と考えてよい。

132. to do

(a) 今夜は忙しい。　(b) 今夜はするべきことがたくさんある。

「忙しい」を「するべきことがたくさんある」と言いかえている。

133. too young

(a) 彼はひとりで旅行するのに十分な年齢ではない。

(b) 彼はひとりで旅行するには若すぎる。

... **enough to** 原形（～するのに十分…，～できるほど…）

too ... to 原形（～するのには…すぎる）

not old enough to travel alone = too young to travel alone

⇒ この問題では下線部の形容詞に注意！

134. It was impossible for または It wasn't possible for

(a) その問題を解ける生徒はひとりもいなかった。

(b) その生徒たちのだれにとってもその問題を解くことは不可能だった。

It is ... to 原形（～することは…である）⇒ It は to 原形 以下を指す形式主語。

時制に注意する。(a) で could を用いているので，(b) では be 動詞を was にする。

135. Were, made by

(a) お父さんがこれらのいすを作ったのですか。

(b) これらのいすは，お父さんによって作られたのですか。

受動態の疑問文の形にする。be 動詞を文頭に置くこと。主語が複数（these chairs）なので，Were を用いる。

p.18

136. rich enough

(a) 彼にはたくさんのお金があるのであの高価な車が買える。

(b) 彼はあの高価な車を買うのに十分なお金をもっている。

... enough to 原形（～するのに十分…，～できるほど…）

137. been dead for

(a) ジャクソンさんは6か月前に亡くなった。

(b) ジャクソンさんが亡くなって6か月になる。

(b) は直訳すれば「6か月間ずっと死んでいる状態である」の意味。dead は「死んだ状態で」の意味の形容詞で，*be* dead で「死んでいる」と表現できる。問題文では「死んでいる状態」が6か月間継続していることを現在完了・継続で表現している。
次の文はよくある誤り。×Mr. Jackson has died for six months. ⇒ die（死ぬ）は状態ではなく動作を表す動詞なので，現在完了で表現しても〈継続〉の意味にはならない。

138. without saying

(a) (b) 恵子は何も言わずに部屋から出て行った。
without -ing（～せずに）⇒ without（前置詞）に続く動詞は -ing 形（動名詞）にする。

139. going

(a) (b) 出かける前に忘れずに明かりを消しなさい。
before には接続詞と前置詞の用法がある。(a) では S+V の形が続いているので接続詞，(b) では前置詞として用いられている。前置詞に続く動詞は -ing 形（動名詞）にする。

140. taken by, were

(a) 彼女は写真を撮った。とても美しかった。
(b) 彼女が撮った写真はとても美しかった。
分詞が名詞を後ろから修飾する形にして，The pictures **taken** *by her*（彼女によって撮影された写真）と表現する。

141. three years younger

(a) 父は52歳で，母は49歳である。　(b) 母は父より３歳年下である。
A is ～ years younger [older] than *B*.（*A* は *B* より～歳年下[年上]である）

142. which [that] were

(a) 私たちは，モモをとても喜んだ。岡山の祖父が送ってくれたものだ。
(b) 岡山の祖父が送ってくれたモモに，私たちはとても喜んだ。
関係代名詞の基本的な用法。先行詞は the peaches。受け身にすること。

143. no idea

(a) (b) なぜ地球がますます暖かくなるのかわからない。
重要 **have no idea** = don't know（わからない）
〈比較級 **and** 比較級〉で「ますます～」の意味を表す。

144. each other

(a) 太郎は私を手助けし，私も太郎を手助けする。
(b) 太郎と私は互いに助け合う。
each other（お互い）

145. in time

(a) 今朝ジョンは授業に遅れてきた。
(b) 今朝ジョンは授業に間に合わなかった。
***be* late for** ～（～に遅れる）⇔ ***be* in time for** ～（～に間に合う）

p.19

146. necessary for you

(a)（b）あなたは月曜日までに宿題を終える必要はない。

→ **92** 参照

S have to [原形] = It is necessary for S to [原形]

S don't have to [原形] = It isn't necessary for S to [原形]

147. During

(a) ロンドンに滞在しているあいだに，私はその博物館を訪れました。

(b) ロンドン滞在中に，私はその博物館を訪れました。

while は接続詞で，during は前置詞。意味は同じだが，用法が違うので注意。

〈while 主語＋動詞〉，〈during 名詞〉の形で用いる。

148. asked, to tell

(a)「本当のことを言ってちょうだい」と姉は私に言いました。

(b) 本当のことを言うように姉は私に頼んだ。

直接話法（引用符“　”がある）を間接話法に転換する問題。

〈直接話法 ⇒ 間接話法 言いかえパターン〉

say to ㊟, “命令文”

⇒ **tell ㊟ to** [原形]　（㊟に～するように言う）

say to ㊟, “Please 命令文”

⇒ **ask ㊟ to** [原形]　（㊟に～するように頼む）

say to ㊟, “Don't 命令文”

⇒ **tell ㊟ not to** [原形]　（㊟に～しないように言う）

say to ㊟, “Please Don't 命令文”

⇒ **ask ㊟ not to** [原形]　（㊟に～しないように頼む）

149. Take, and

(a)（b）この薬を飲めば，気分がよくなりますよ。

〈命令文 ～, **and** ...〉（～しなさい。そうすれば… / ～すれば，…）

〈命令文 ～, **or** ...〉（～しなさい。そうしないと… / ～しないと，…）

150. What made

(a) なぜ彼女はそんなに怒ったの？

(b) 何が彼女をそんなに怒らせたの？

(b) は「無生物主語」という英語独特の表現。→ **321** 解説参照

151. Walking, make you

(a) 毎日歩けば，さらに健康になりますよ。

(b) 毎日の歩行があなたをより健康にします。

(b) の主語は動名詞 Walking every day（毎日歩くこと），will の前に you がないから，「歩くこと」が主語になり，will の次の動詞は何か考えてみよう。「O を C にする」という意味の make を入れれば，「無生物主語」の表現になる。→ **321** 解説参照

152. will take

(a) このバスに乗れば，博物館へ行けます。

(b) このバスは博物館まで連れて行ってくれます。

take 人 **to** 場所（人を～へ連れて行く）の表現を無生物主語の文で用いている。→ **321** 解説参照

153. this room have

(a) (b) この部屋にはいくつ窓がありますか。

154. Shall I

(a) ラジオの音量を下げてほしいですか。

(b) ラジオの音量を下げましょうか。

want 人 **to** 原形（人に～してほしい），**Shall I ～?**（〈私が〉～しましょうか）
turn down ～（～の音量を小さくする；～を拒絶する）

155. have been good

(a) 子どものころスキーが得意で，いまでもうまく滑れます。

(b) 子どものころからずっとスキーが得意です。

(b) は現在完了・継続を表す。***be* good at** ～（～が得意である）

156. haven't seen

(a) 最後に兄に会ってから，長い時がたっている。

(b) 長い間兄に会っていない。

〈時の経過を表す表現〉

It is [has been] 経過時間 **since** 主語＋動詞（過去形）～
＝ 経過時間 **have passed since** 主語＋動詞（過去形）～
（～以来，…の時が経過している）

例) *It* is five years *since* she died.
Five years *have passed since* she died.

なお，この文はさらに次のようにも言いかえられる。
⇒ She has been dead for five years.

p.20

157. been to

(a) ジョンとサラは友人を見舞いに病院へ行き，つい先ほど戻ってきた。

(b) ジョンとサラは友人を見舞いに病院へ行ってきたところである。

重要 〈**have been to** 場所〉は「① ～へ行ってきたところである」「② ～へ行ったことがある」の意味がある。(a) で「つい先ほど」と述べているので，ここでは①の意味で用いる。

158. has gone to

(a) アリスはパリへ行き，いまここにいない。

(b) アリスはパリへ行ってしまった。

重要 〈**have [has] gone to** 場所〉は「～へ行ってしまった（いまここにいない）」の意味を表す。have been to 場所（～へ行ったことがある；～へ行ってきたところだ）ときちんと区別しよう。

159. me to

(a) あなたが宿題を終えるまで待ちましょうか。

(b) あなたが宿題を終えるまで私に待ってほしいですか。

→ **154** 参照

160. nothing, wear

(a) 少女は夏祭りに着てゆく服がなかった。

(b) 少女は夏祭りに着てゆくものが何もなかった。

wear（～を着ている）⇒「状態」を表す。

比較〉put on ～（～を着る）⇒「動作」を表す。

161. kind of her

(a) 彼女は親切で，私たちに市役所への道を教えてくれた。

(b) 市役所への道を教えてくれて，彼女は親切だった。

重要 **It is** 形容詞 **of** ㊅ **to** 原形（～するとは，㊅は…である）

この表現では，形容詞には kind や careless（不注意な），foolish（おろかな），rude（無礼な）などを用いる。前置詞 of を使うことに注意。「人の性質」を表すので，㊅を主語にして次のように言いかえることもできる。→ **118** 参照

⇒ She was kind enough to show us the way to the city hall.

162. being

(a) 私が遅れてきたので，彼は腹を立てている。

(b) 私が遅れてきたことで彼は腹を立てている。

前置詞（for）のあとは名詞・動名詞！

ここでは for は「～という理由で」の意味を表す。

163. encouraging to

(a) その手紙に励まされました。

(b) その手紙は私にとって励みになった。

encourageは「㊟を勇気づける・励ます」の意味。物・事が主語の場合は現在分詞(-ing)，㊟が主語の場合は過去分詞で用いる，と覚えてもよい。

「㊟ 過去分詞 / 物 -ing」と覚えよう！

物 *be* interesting (to ～)	「物が（～にとって）おもしろい」
㊟ *be* interested (in ～)	「㊟は（～に）興味がある」
物 *be* surprising (to ～)	「物が（～にとって）驚きだ」
㊟ *be* surprised (at ～)	「㊟は（～に）驚く」
物 *be* disappointing (to ～)	「物が（～に）期待はずれだ」
㊟ *be* disappointed (at ～)	「㊟が（～に）失望する」
物 *be* satisfying	「物が満足のいく」
㊟ *be* satisfied (with ～)	「㊟が（～に）満足する」
物 *be* tiring	「物が骨の折れる」
㊟ *be* tired (from ～)	「㊟が（～で）疲れる」
㊟ *be* tired (of ～)	「㊟が（～に）うんざりする」
物 *be* boring	「物が退屈な」
㊟ *be* bored (with ～)	「㊟が（～に）退屈する」

164. No, well

(a) 彼女は学校のほかのどの女の子よりもうまくピアノを弾く。

(b) 彼女ほどうまくピアノを弾く女の子は学校にいない。

重要 最上級の意味を表す文の言いかえ

① any other girl（ほかのどの女の子），no other girl（ほかに女の子はいない）はぜったいに覚えておこう。（下線部は単数）

② (a)「彼女は学校のほかのどの女の子よりもうまくピアノを弾く」（彼女がいちばん）

③ (b)「彼女ほどうまくピアノを弾く女の子は学校にいない」　（彼女がいちばん）

No other 単数名詞 **... as**［**so**］原級 **as** *A*（*A* ほど～はほかにない）→ **54** 参照

165. such an interesting book

(a) これはいままで読んだうちで最もおもしろい本である。

(b) このようなおもしろい本を読んだことがない。

such a/an 形容詞＋名詞（このような～な □）

母音で始まる形容詞（old，interesting，important，amazing〈驚くような〉）などの場合は a ではなく an を用いるので，要注意。→ **422** 参照

166. nothing could

(a) 時間がとても遅くなり，私たちには何もできなかった。

(b) 時間がとても遅くなり，できることはなかった。

be done は受け身の形で，後ろに by us が省略されていると考えるとよい。

167. was written [sent] to

(a) メグは手紙を書き，ボブはその手紙を受け取った。

(b) 手紙がメグによってボブあてに書かれた[送られた]。

受け身の形にする問題。

168. How was, caught

(a) ジムはどんなふうにその虫を捕まえたの？

(b) その虫はどんなふうにジムに捕まったの？

by Jim に注目して，受け身の形にする。

p.21 ――――

169. Who [Whom] was, by

(a) だれがこの花びんを割ったの？　(b) この花びんはだれが割ったの？

つねに時制に注意して答える。(a) の broke が過去形なので，was を用いること。

170. first visit

(a) 以前にこの町を訪れたことは一度もない。

(b) これが私にとってこの町へのはじめての訪問です。

(b) の visit は名詞で，「訪問」の意味。「～への訪問」という場合，前置詞 to が必要！

171. no, with

(a) 今日お金をまったくもってこなかった。

(b) 今日持ち合わせのお金がまったくない。

〈with ㊇〉の形で「(そのとき) 身につけて (ポケットやかばんの中などにもっている)」という意味を表すことがある。

172. Nothing, as

(a) 時は最も貴重なものである。　(b) 時ほど貴重なものは何もない。

原級の表現を用いて最上級の意味を表している。as ～ as の表現が否定文 (この場合 nothing が否定語) で用いられると，so ～ as の形になることもある。

173. twice, size

(a) 私のスーツケースはあなたのものの２倍の大きさである。

(b) あなたのスーツケースは私のものの半分である。

half に注目して答えを導き出す。

174. No other boy

(a) 彼は私たちのクラスで最も賢い男の子である。

(b) 彼より賢い男の子は私たちのクラスにはほかにいない。

No other 単数名詞 **...** 比較級 **than** *A*（*A* より～な＿＿はほかにない）

175. made me go

(a) 母が命じるので，私は早く就寝した。　(b) 母は私に早く就寝させた。

tell ㊇ to do（㊇に～するように言う・命じる）を用いて，told me to go と表現すると1語足りない。使役動詞 make を使えば to は不要で，空所の数が合う。

make ㊇ 原形（㊇に～させる）

〈使役動詞〉

使役動詞とは，「(だれかに) ～させる」という意味を表す **make, let, have** を指す。

make ㊇ 原形（㊇に～させる）

let ㊇ 原形（㊇に〈望み通りに〉～させる）

have ㊇ 原形（㊇に～してもらう・させる）

例）My mother *made me clean* the living room.

（母は私にリビングを掃除させた）

*受動態で表現する場合，to 不定詞を用いる。

⇒ I *was made* to *clean* the living room by my mother.

（私は母にリビングを掃除させられた）

176. can't [cannot], well

(a) エレンはキャシーよりうまく歌える。

(b) キャシーはエレンほどうまくに歌えない。

not as [**so**] 原級 **as** *A*（*A* ほど～ではない）

177. deeper than, other lake

(a) バイカル湖は世界一深い湖である。

(b) バイカル湖は世界のほかのどの湖よりも深い。

比較級を用いて最上級の意味を表す表現。比較級 than any other 単数名詞（ほかのどの＿＿よりも～）⇒ つまりいちばんであるということ。

178. food, likes

(a) 彼女が大好きな食べ物が何か知りません。

(b) 彼女がどんな食べ物がいちばん好きか知りません。

like ～（**the**）**best**（～がいちばん好きである）

179. be taken care, by

(a) 彼女は一日中子どもたちの世話をしなければなりません。

(b) その子たちは一日中彼女に世話されなければなりません。

look after ～ = take care of ～（～を世話する）

受け身にする場合，*be* looked after, *be* taken care ofの形になる。

180. more, thought [expected]

(a) この映画がそんなにおもしろいとは思わなかった。

(b) この映画は思ったよりもおもしろかった。

つまり「映画はおもしろかった」ということをきちんと把握しておこう。

p.22 ———

並べかえ

181. (I've) just been to the bus stop to see her off.

have just been to ～（ちょうど～へ行ってきたところだ）

see 人 off（人を見送る）⇒ 語順に注意！

比較〉**pick 人 up**（人を車で拾う，乗せて連れていく）

例）I will *pick* you *up* on my way to college.

（大学へ行く途中に君を〈車で〉拾っていってあげるよ）

182. I would like something hot to (eat.)

① would like to ～（～したい）の形にしないように注意！　文末のeatに注目！

②「食べるものがほしい」と考える。would like ～（～がほしい）

③ somethingを修飾する形容詞は直後に置く。さらにto不定詞で修飾する場合は，その形容詞の後に置き，〈**something** 形容詞 **to** 原形〉の形になる。→ **4** 参照

例）something cold to drink（何か冷たい飲み物）

183. (I will) ask my father about it as soon as he arrives. [whenが不要]

as soon as ～（～したらすぐに）→ **82** (b) 参照

184. How about reading a story written in easy Japanese?

① **How about -ing?**（～するのはどうですか）

② 過去分詞（written 書かれた）がほかの語句（in easy Japanese 簡単な日本語で）を伴って名詞（a story 物語）を修飾する場合，後置修飾になる。→ **39** 解説参照

185. What is this delicious food called in (French?)

this delicious foodが主語の，受動態の文。疑問詞Whatを文頭に置く。

186. Where did you have your camera fixed?

重要 **have** 物 過去分詞（物を～してもらう[させる]）

〈**have** Ⓐ 原形〉と〈**have** 物 過去分詞〉のちがい
have Ⓐ 原形（Ⓐに～してもらう[させる]）
I'll *have* him *attend* the meeting for me.
（私の代わりに彼に会議に出席してもらうつもりだ）
have 物 過去分詞（物を～してもらう[させる]）（物を～される）
I *had* my camera *fixed.*（カメラを直してもらった）
I *had* my bag *stolen.*（バッグを盗まれた）

187. It is important for him to finish the work by tomorrow.

It is 形容詞 **for** Ⓐ **to** 原形（Ⓐが～するのは…である）
比較〉**It is** 形容詞 **of** Ⓐ **to** 原形（～するとは，Ⓐは…である）
この表現では，kind や careless（不注意な），foolish（おろかな），rude（無礼な）などの〈人の性質〉を表す形容詞を用いる。前置詞 of を使うことに注意。
例）It was careless *of* you to miss the train.
（電車に乗り遅れるとは，不注意だったね）

188. What did the teacher tell you to do?

tell Ⓐ **to** 原形（Ⓐに～するように言う）

189.（**My brother**）**made me so angry that I didn't speak**（**to him today.**）

① **so** ～ **that** ...（とても～なので…）
② **speak to** Ⓐ（Ⓐに話しかける）

190. I'm going to visit a friend of mine in Tokyo during the（**spring vacation.**）

a friend of mine の形で「私の友人のひとり」という意味を表す。

191. Kyoto has a lot of beautiful places to visit. ［下線部が不足］

日本語に惑わされないように注意！ There are がないので，「京都は～をもっている」と表現する。

p.23

192. I want you to be careful when you travel alone. ［下線部が不足］

want に注目して，文構造を考えよう。日本語に惑わされず，「Ⓐに～してほしい」と言いかえて，〈**want** Ⓐ **to** 原形〉の形を使う。→ **154** (a), **159** (b) 参照

193. Can you help me with the homework I must finish by tomorrow?

help Ⓐ **with** ～（Ⓐの～を手伝う）→ **42** 参照
例）○ help my sister with her homework（妹の宿題を手伝う）
× help my sister's homework

194. **Few students remember the name of the math teacher.** [下線部が不足]

「ほとんどない」と表現する場合，数えられる名詞の場合は few を，数えられない名詞の場合は little を用いる。

例）I have *little* money with me.（いまほとんど持ち合わせがない）

比 較〉a few, a little の場合，「少しある」の意味を表す。

例）I have a *little* money with me.（いまいくらかお金がある）

195. **Will you have another cup of coffee?** [下線部が不足]

another cup of coffee で「もう1杯のコーヒー」の意味を表す。

196. **The gift sent by Andrew made Jane excited.** [exciting が不要]

① 与えられた語句から，the gift を主語にして文を組み立てる点を見破る。

② 過去分詞（sent 送られた）がほかの語句（by Andrew アンドリューによって）を伴って名詞（The gift 贈り物）を修飾する場合，後置修飾になる。→ **39** 解説参照

197. **Nothing is as refreshing as taking a walk (early in the morning.)** [下線部が不足]

Nothing is as 原級 as *A*（*A* ほど～なものは何もない）
原級を用いて最上級の内容を表す表現。

198. **He is an actor who [that] is known to everyone.** [下線部が不足]

① an actor を先行詞にして，関係代名詞 who [that] を用いて文を組み立てる。

② ***be* known to** ㊇（㊇に知られている）

199. **Kyoto is famous for its beautiful buildings.** [下線部が不足]

***be* famous for** ～（～で有名である）

200. **A lot of money will be given to the children who need help.**

① (A lot of) money を主語とする受動態の文を作る。

② the children を先行詞にして，関係代名詞 who を用いて文を組み立てる。

201. **Ichiro didn't know the news until [till] he got home.** [下線部が不足]

not ～ until … は，「…まで～しない」という意味から，前から訳して「…してはじめて～する」と訳すことが多い。（帰宅するまでそのニュースを知らなかった → 帰宅してはじめてそのニュースを知った）

202. **(Everything) he says makes her mad.**

日本語を工夫して，「彼が言うすべてのことが彼女を怒らせる」と考える。Everything he says（彼が言うすべてのこと）が文の主語になる。Everything の後に関係代名詞 that が省略されていると考えるとよい。make O C〈＝過去分詞〉（O を～にする）は第5文型の典型的な動詞。mad（怒って，腹を立てて）

203. This book will tell us where to find the plant. ［下線部が不足］

「この本を読めば～がわかる」→「この本は～を教えてくれるでしょう」と考える。tell us, find the plant などフレーズごとに考えると，全体の文が組み立てやすくなる。「どこで見つけられるか」は where を追加して，where to find ～ と表現する。

p.24 ————

204. My cousin has lived in a foreign country for more than ten years.

① 〈継続〉を表す現在完了を用いる。

② more than ～（～以上，～よりも多く）

205. All the books on the shelf are difficult to understand.

① Allの位置がポイントで,「みんな」とはつまり「すべての本」all the booksのこと。

② *be* difficult［easy］to 原形（～するのが難しい［やさしい］）

206. Be careful not to touch the broken glass.

① *be* careful not to 原形（～しないように注意する）

② broken glass（割れたガラス）→ **39** 解説参照

207. It is necessary to practice the piano every day, isn't it?

① It is necessary to 原形（～する必要がある）

②「～ですよね」は付加疑問で表す。→ **8** 解説参照

208.（I）am looking forward to hearing from him soon.

重要 **look forward to** ～（～を楽しみにしている）

to は前置詞！　不定詞の to ではない。⇒ 前置詞のあとは名詞か動名詞（-ing 形）。

209.（I）don't think it is warm enough for（lunch in the yard today.）

①「寒いと思う」→「暖かいと思わない」と考える。

② enough の位置に注意しよう。修飾する形容詞の後ろに置く。

③ 英語では否定語をなるべく前に置こうとする傾向がある。I think it is not warm enough for ～よりも，I don't think it is warm enough for ～のほうが自然。

例）△ I think she won't come to the party.

　○ *I don't think* she will come to the party.

　（彼女はパーティに来ないと私は思う）

210.（Nowadays）everything is much more expensive than it was.

much は比較級を修飾して意味を強め，「ずっと」の意味を表す。much のほかに，a lot や still, far, yet, even なども比較級を修飾して意味を強める。

211. Her look tells you that she loves you.

lookはこの場合「顔つき」の意味を表す。tellは無生物主語の表現で用いることができる。

212. Everyone knows that time flies like an arrow.

Time flies (like an arrow).「光陰矢のごとし（時がたつのは早い）」〈ことわざ〉

213. (She) was kind enough to show me the (way to the post office.) [so が不要]

まずは She was kind, show me the way など，考えられるフレーズから組み立てよう。〈形容詞 **enough to** 原形〉の形が思い浮かべば，不要語はsoであるとわかる。

214. (The person) who parked that car has no manners at all.

①「あの車を駐車した人」⇒ The person を先行詞にして，関係代名詞 who を用いて文を組み立てる。

② have no manners（マナーを知らない），no ～ at all（まったく～ない）

p.25 ―――

215. I remember our teacher said that temple was more than 1,000 years old.

that の使い方をきちんと見極めよう。接続詞（「～ということ」）として remember の後や said の後に置くように考えられそうだが，それは省略して，temple を修飾する語として用いて，that temple（あの寺）という形にする。

216. Someone went into the house through the window broken by John.
[下線部が不足]

選択肢に by があるので，「ジョンによって壊された窓」と考える。

217. There was an old woman living with her dog in (the village.)

「～がいる・ある」の表現なので，There is ～ 構文を用いる。

218. (I) have seen a UFO flying in the sky but never told anybody about it.

see O -ing（O が～しているのを見る）→ 117 解説参照

219. (I) cannot see that old woman without thinking of my grandmother.

①「見かけるといつも思い出す」→「思い出すことなく見かけることはない」と考える。

② 重要 **never [can't] ... without -ing**（…すれば必ず～する）

220. (The) house whose roof you can see over there (is Tom's.) [is が不要]

〈考え方〉

(A) The house is Tom's. + (B) You can see the house's roof over there.

① (A) The house を (B) の文を用いて修飾する。The house が先行詞になる。

② (B) the house's を関係代名詞 whose にして，whose roof を (B) の先頭へ。

③ ②でできたものを (A) house の後に挿入する。

The house [*whose* roof you can see ［　　］ over there] is Tom's.

the house's roof

221. **(Mary) will be taken care of by her aunt until five o'clock.**

受け身の未来表現は，**will be** 過去分詞（～されるだろう，～される予定だ）
take care of ～（～を世話する）のようなイディオムは1語の動詞のようにとらえて，受け身になっても語順はそのままで変わらない。*be* taken care of（世話される，世話してもらう）。of の後ろに by が続いて前置詞が重なるが，これでよい。→ **96, 179** 参照

222. **(I) have never taught a student who is as bright (as him.)** [cleverer が不要]

①「これまでに～したことがない」⇒ 現在完了・経験
② as 原級 as ～ の形になるはずなので，比較級（cleverer）が不要。

223. **As I have something to talk about with you, may I call on (you next Saturday?)** [at が不要]

① as は「～ので」という理由の意味を表す接続詞。
② something to talk about（話すこと → ご相談したいこと）
③ **call on** ㊅（㊅を訪問する）= visit
比較〉**call at** 場所（～を訪問する）= visit

p.26

224. **She has kept the maps of the cities that she visited.** [went が不要]

①「自分が行った都市の地図」がポイント。関係代名詞 that を用いて，文を組み立てる。
② went を使うならば，～ that she went to になるはずである。

225. **The notebook I found this morning has no name on it.** [of が不要]

① has に注目 ⇒ 主語は The notebook
② the notebook を I found this morning で後ろから修飾する。関係代名詞 which [that] は省略されていると考えればよい。

226. **A book written by that lawyer made me interested in law.** [I が不要]

①「その弁護士が書いた本」「私は興味をもった」などの日本語に惑わされないように！
②「その弁護士が書いた本」→「その弁護士によって書かれた本」
③「私は興味をもった」→「(本が) 私に興味をもたせた」
④ make O C〈= 過去分詞〉(O を～にする)

227. **Haven't you seen a box a little bigger than this one?** [looked が不要]

look は look at ～（～を見る）の形で使うので，ここでは looked が不要になる。

228. **(I couldn't) hear my name called because of the noisy crowd.** [someone が不要]

① **hear O** 過去分詞（O が～されるのを聞く）
② **because of** ～（～のために，～のせいで）〈理由〉⇒ 主語 + 動詞の形が続く because（接続詞）と違って，because of ～ には名詞(句)の形が続く。

229. **(You) should not go out until you finish your homework.** [after が不要]

不要語が after であることをしっかり見抜こう。

比較〉You should go out *after* you finish your homework.

（宿題を済ませた後に外出しなさい）

230. **That bridge made of wood was built (100 years ago.)** [下線部が不足]

That bridge（あの橋）を made of wood（木でできている）が後ろから修飾している。「材料」を表す場合は前置詞 of を用いる。

231. **(His room isn't) big enough to have more than five people in it (at one time.)** [下線部が不足]

① **... enough to** 原形（～するのに十分…，～できるほど…）

② **at one time**（一度に，同時に）

232. **Don't be afraid of making mistakes in speaking (English).**

① afraid は形容詞なので，×Don't afraid ～としないように！ 形容詞を用いた否定の命令文は Don't be ～ で始める。

例）*Don't be* shy.（恥ずかしがらないで）/ *Don't be* noisy.（うるさくしないで）

② **make mistakes**（間違える），***be*** **afraid of -ing**（～することを恐れる），**in -ing**（～する際に）

233. **(Last week I) had [got] my computer repaired at that (new shop.)** [下線部が不足]

have 物 過去分詞（物を～してもらう［させる］）→ **186** 解説参照

p.27

---

234. **(What) did you say your name was?**

① What is your name?（名前は何ですか）を元に，間接疑問の文を組み立てる。

② Yes / No で答えられない質問なので，×Did you say what ～? の語順は不可。

③ 主節（did you say）が過去時制なので，間接疑問の中も過去形（was）にする。

235. **(How) much longer do I have to wait?** [下線部が不足]

how は単独で比較級を修飾できず，×how longer の形は不可。

236. **Look at the boy carrying a large bag across the road.** [下線部が不足]

the boy を carrying a large bag across the road が後ろから修飾している。

237. **(Narita Airport) was crowded with thousands of people as usual.** [下線部が不足]

① ***be*** **crowded with** ～（～で混雑している）

② **thousands of** ～（何千もの～）⇒ この場合 thousand に s がつくことに注意。

③ **as usual**（いつものように）

238. **(Our school) has three times as many students as yours.** ［下線部が不足］

① **three times as** 原級 **as** *A*（*A* の３倍～）

比 較〉 **twice as** 原級 **as** *A*（*A* の２倍～） → **47** 参照

② yours = your school

239. **(Fred) went to the movies after he finished (his homework.)** ［下線部が不足］

finishing ではなく，finished なので，主語 he を補って文を組み立てる。after や before には，前置詞としての用法と接続詞としての用法の両方がある。

比 較〉 Fred went to the movies *after* finishing his homework.

（after は前置詞）

240. **Who do you go to school with every day?** ［下線部が不足］

with（～といっしょに）が必要。

241. **How soon will you be ready to start?** ［下線部が不足］

①「どのくらいしたら（あとどれくらいで）」→「どれくらいすぐに」と考えて，How soon ～? を用いる。

② ***be* ready to** 原形（～する準備ができている；喜んで～する）

242. **(There) is neither water nor air on the moon.** ［下線部が不足］

neither *A* **nor** *B* = **not either** *A* **or** *B*（*A* も *B* もどちらも～ない）

243. **Why don't you ask George to join us?** ［下線部が不足］

Why don't you ～?（～してはどうですか）

244. **More and more people have been saved by the (medicine.)**

［下線部が不足］

① **more and more ～**（ますます多くの～）

② 現在完了の受動態の形は，**have** [**has**] **been** 過去分詞。

245. **He found many people disappointed with the letter.**

find O C 〈= 過去分詞〉の形で「O が～であるとわかる」

p.28

246. Nothing is as important to discuss as the problem of global warming.

Nothing is as 原級 **as** *A*（*A* ほど～なものは何もない）⇒ 原級を用いて最上級の意味を表す表現。→ **172, 197** 参照

247. A boy with a map was the first to arrive at the top of (the tower.)

the first to 原形（～する最初の人・もの）

248. Harry will show me a sweater he bought in Scotland and some pictures taken (there.)

① a sweater（セーター）を he bought in Scotland（彼がスコットランドで買った）が後ろから修飾している。関係代名詞 which [that] が省略されていると考えるとよい。
② some pictures（写真）を taken there（そこで撮影された）が後ろから修飾している。

249. Whose house did you live in when you were (in America?) ［下線部が不足］

live in a house の用法からもわかるように，前置詞 in を忘れないように！

250. I wasn't like this a few years ago.（エ like）

疲れやすい。数年前はこんなんじゃなかったのに。
like はこの場合 前置詞で，「～ような」という意味。like this（このような［に］），like that（あのような［に］）はよく用いられるので，覚えておこう。

251. We had to stay in London for two nights.（ウ stay）

とても激しく雪が降って，空港が閉鎖された。私たちはロンドンに２晩滞在しなければならなかった。
たとえばイ spend を用いる場合，次のように表現できる。
We had to *spend* two nights in London.

252. Don't forget to bring your daughter with you.（ア bring）

今週末，私たちのところへ来て，いっしょに過ごしてください。娘さんを連れてくるのを忘れないで。
イ intoroduce は「紹介する」，エ impress は「印象づける」の意味。

Part 1 英文法編 レベル 2

p.29

適語選択

253. ア お宅まで車でお送りしますよ。

drive ㊟ **home**（㊟を家まで車で送る）
この場合 home は名詞ではなく副詞なので，to はつけない。

254. ウ 最後に息子に会ってから５日がたった。

since（～以来ずっと）に注目！ ⇒ 現在完了（have 過去分詞）を用いる。
経過時間 **have passed since** 主語＋動詞（過去形）～（～以来…の時間がたっている）→ **156** 解説参照

255. ウ ことしはクラスのほぼ全員がインフルエンザにかかった。

① have に注目 ⇒ 単数扱いのエ every は選べない。
② almost の用法 → **14** 解説参照

256. ウ その赤ん坊はとてもかわいがられている。

① **take care of** ～ ＝ **look after** ～（～を世話する）
比較〉 **take good care of** ～（～をきちんと世話する）
② **重要** 2語以上で１つの動詞のはたらきをするイディオムは，受動態で用いる場合も，そのままの形で用いる。
例）Many students *look up to* the teacher.（**look up to** ～ ～を尊敬する）
⇒ The teacher **is looked** *up to* by many students.

257. イ だれかがドアをノックしてる。だれだろうか。

① 間接疑問なので，〈**疑問詞＋主語＋動詞**〉の語順になる。→ **36** 解説参照
② この文のように男女の性別が不明の場合は it を用いるとよい。

258. エ 私が戻ったらすぐに，彼がどうしているかお知らせします。

as soon as ～（～したらすぐに）は時を表す接続詞なので，未来の内容であっても will を用いずに表現する。→ **1** 解説参照

259. エ 外国から来た旅行者たちを魅了する日本の町はたいてい混雑している。

先行詞は Towns in Japan で，関係詞節は空所から countries まで。Towns と attract の関係は「町が（旅行者を）魅了する」という主語＋動詞の関係なので，関係代名詞・主格を選ぶ。

260. イ 暗くならないうちに帰宅するべきです。

before（～前に），until [till]（～までずっと）

261. ウ　ケンは彼の旧友のひとりである。

「私の友人のひとり」はa friend of mineで表す（→ **190** 参照）。したがって，「彼の旧友のひとり」はan old friend of hisで表す（he—his—him—his）。

262. イ　若いころ，彼は長崎に３年間住んでいた。

when he was youngのように明確に過去のことについて述べているので，過去形の動詞を用いる。現在完了は現在とのつながりがある場合に用いる。

例）He **has lived** in Nagasaki for three years.

（彼は長崎に〈いままでのところ〉３年間住んでいる）

p.30

---

263. エ　昨夜 私が電話したとき，ジョンは風呂に入っていた。

when I called him last night（昨夜 私が電話したとき）という過去のある一時点での動作の進行を表すので，過去進行形を使う。

264. イ　彼はよくうそをつく。正直であるはずがない。

can't be ～（～であるはずがない）⇔ **must be** ～（～であるにちがいない）

265. ウ　おじが亡くなって３年になります。

for three years（３年間）に注目し，現在完了・継続を選ぶ。「おじは３年間 死んでいる状態である」というふうに考える。→ **137, 156** 解説参照

比較〉My uncle *died* three years ago.

266. イ　ここ長崎に引っ越してきてから，彼は一度も私のところに来ていない。

① 現在完了（has never called）に注目し，since（～以来ずっと〈現在まで〉）を選ぶ。

② **call on** ㊇（㊇を訪問する）→ **223** 参照

267. ウ　向こうに見える山は阿蘇山です。

The mountainと（see）の関係を考えて答える。「山」「見られる」という関係なので，受け身を表す過去分詞seenを用いる。

268. ア　帰宅途中で交通事故を見ました。驚きでした。

動詞surpriseは「～を驚かせる」という意味。「㊇が驚く」という場合，㊇を主語にして，「㊇が驚かされる」のように受け身で表現するので，過去分詞surprisedを用いる。問題文では，人が主語ではなく，物・事が主語で，「（㊇を）驚かせる（ような）」の意味なので，受け身の形にはせず，現在分詞surprisingを用いる。「㊇ **過去分詞** / 物 **-ing**」と覚えよう！ → **163** 解説参照

269. ア　私がこの手紙を書いてしまうまで待ってね。

till以下は時をあらわす副詞節なので，未来の内容であってもwillを用いずに表現する。→ **1** 解説参照

270. エ　パーティーに招待された人のうち何人かは来られなかった。

「パーティーに（to the party）」という語句を伴うので，invited（招待された）は people を後ろから修飾する。→ **39** 解説参照
people は限定されているので，the をつける。

271. ウ　「あの白い鳥は英語で何というのですか」「crane（ツル）だと思います」

call *A* *B*（*A* を *B* と呼ぶ）⇒ 問題文では「*A* を何と呼ぶのですか」という意味なので，what を用いる。

272. イ　「ここはすばらしいビーチですね。いつこちらに着いたのですか」
「おとといです。次の木曜日までここにいます」

until [**till**]（～までずっと）〈継続〉と **by**（～までには）〈完了〉の違いに注意！

p.31 ————————————————

273. イ　少年がお金を求めたとき，父親は「何のためにそのお金がほしいのか」と言った。

What ～ for?（何のために～か）= **Why ～?**（なぜ～か）

274. ウ　そのブーツが気に入ったのならば，試しに履いてみてはどう？

try ～ on（～を試着する，～を試しに身につける）

275. ウ　ここで待っていてください。2，3分で戻ります。

この場合，**in** は「～後に，～のうちに」の意味を表す。未来の文で用いられることが多い。

276. ア　あす朝5時までにレポートを終えなさい。

→ **272** 参照

277. エ　辞書を貸してくださいませんか。

① lend ㊅ 物（㊅に物を貸す）
② borrow（〈無料で〉借りる），use（使う；〈移動できないものなどを〉借りる），rent（〈有料で〉借りる；〈有料で〉貸す）

278. イ　「大阪はどうですか（大阪をどう思いますか）」
「おもしろい町ですが，少しにぎやかすぎますね」

How do you like ～?（〈意見や感想を求めて〉～はどうですか）
≒ **What do you think of ～?**（～をどう思いますか）

279. エ　ボトルに貼ってあるラベルには「フランスから輸入」と書いてある。

say は，新聞や本，ポスター，その他表示などの無生物を主語にして，「～と書いてある」の意味を表す。
例）The newspaper *says* it's going to be snowy tomorrow.
（あすは雪になると新聞に書いてある / 新聞によると，あすは雪だそうだ）

280. ア 「ジミー，急ぎなさい。バスに乗り遅れそうよ」「いま行くよ，お母さん」

I'm coming. で「(聞き手のほうへ) 向かっている」の意味を表す。

281. ウ 私のびんにはいくらかインクがありますが，あなたのびんにはまったくない。

none = not any ～ = no ～ (まったくない)

282. ウ その３人の少年たちそれぞれが賞をとった。

of the three boys に注目する。×every of ～ の形は不可。→ **14** 解説参照
「３人」なので，「両方とも」の意味の both は使えない。

283. ウ 彼らの一人ひとりが電子辞書をもっている。

has に注目して，単数扱いする選択肢を選ぶ。

284. エ コーヒーはまったくありませんが，牛乳なら冷蔵庫にたくさんあります。

選択肢のうち few と many は数えられない名詞 milk に用いることはできない。milk に little を用いることはできるが，「ほとんどない」という意味なので，文脈に合わない。

p.32

---

285. エ ジョンはメアリより３歳年上である。

by ～ で「～の差で」の意味を表す。
比較〉John is *three years* older than Mary. ⇒ この語順のときは by は不要。
→ **141** 参照

286. ア 「外国から来た新しいフットボールのコーチをどう思いますか」「日本人のようです」

look 形容詞 (～ように見える)，look like 名詞 (～のように見える)
例〉look Japanese, look like a Japanese
Japanese は形容詞で「日本(人)の」，名詞で「日本人」の意味。

287. エ 私のフランス語は通じなかった (← 私はフランス語で考えを伝えられなかった)。

重要 **make *one*self understood**
(自分の考えを相手に伝える，自分自身〈の考え〉を相手に理解してもらう)

288. エ 幼い子どもたちはこのプールで泳ぐことを怖がっている。

① ***be* afraid to** 原形 **= *be* afraid of -ing** (～するのを怖がる)
② dangerous や easy, impossible は人を主語にして to 不定詞を続けられない。
比較〉*It is* dangerous *for* little children *to* swim in this pool.

289. エ 野球のルールはソフトボールのルールとそれほど違わない。

くり返しを避けるために，すでに現れた〈**the＋名詞＋of** ～〉を **that of** ～，**those of** ～ と言いかえる。ここでは the rules of ～ で複数なので，those of ～ の形で用いる。

290. ア 「だれが窓ガラスを割ったの？」「太郎です」

Taro did. = Taro broke the window. ⇒ このような did を代動詞という。
エ Taro broke. は目的語がないので不自然。

291. ウ 「どれくらいの期間，横浜に住んでいるのですか」「12歳のころからずっとです」

ア (~~Since~~→) For two years. イ (~~For~~→) Since 2000. ならば，それぞれ正しい。

292. エ 「私に代わって英語で手紙を書いてくださいませんか」「すみません，いま忙しいんです」

ほかの選択肢の意味はそれぞれ次の通り。ア「はい，そうする予定です」 イ「どういたしまして」 ウ「どうもありがとうございます」
いま依頼されたのに，元々その予定だったかのような言い方なので，アは不自然。

293. ウ 「ポールは試験に合格しなかったんだね」
「うん（合格しなかった）。また挑戦するって言ってた」

否定の付加疑問文。「～しなかったよね」に対する No. とは No, he didn't pass the exam. の意味。試験に合格しなかったという内容に沿う選択肢はウだけ。
付加疑問の答え方 → **31** 解説参照

p.33

語い / 適語補充

294. dictionary

単語のリストを提示し，その意味を教えてくれる本（⇒ 辞書）

295. volunteer

何も得ずに（無償で）手助けする人（⇒ ボランティア）

296. soccer または football

11人からなる２チームで行われるスポーツで，その選手たちが相手ゴールにボールを蹴り入れようとする（⇒ サッカー）

297. passport

外国に入るときに自分がどこの国の出身であるかを示す手帳（⇒ パスポート）

298. bridge

人や車が川や道路の片側から反対側に渡るために作られる建造物（⇒ 橋）

299. clock

部屋の中や公共の建物にあって時刻を告げる道具（⇒ 時計）

300. friend [lover / husband / wife / partner など]

大好きで，いっしょにいたいと思う人（⇒ 友人，恋人，夫，妻，配偶者など）

301. ticket

印刷された小さな紙片で，それをもって飛行機や列車などに乗って移動できる。
（⇒ 切符）

302. green

信号が青（緑）に変わったから，渡れるよ。
英語では青信号のことを green light と言う。

303. red

その先生は怒りで真っ赤になった。

304. yellow

今回は君の間違いにイエローカード（最後の忠告）だ。またやったら，クビだぞ。

305. blue

彼女はボーイフレンドと別れてからずっとふさぎ込んでいるよ。
feel blue（気分がめいる，がっかりする，落ち込む）
break up with ～（～と〈仲たがいして〉別れる）

306. gray

兄の髪は40代にして白髪交じりになった。

307. black, white

どの映画も昔は白黒映画だった。
black and white は，日本語（「白 黒」）とは順序が逆なので，注意！
used to 原形（かつては～だった）

p.34 ———

308. (1) ウ　(2) ア　(3) イ　(4) エ

cost（費用，経費）とはサービス活動に対する支払いについて使われる言葉で，price（価格，値段）はお店やレストランといった場所で，何かあなたが支払いをしなければならない物に対する値段として使われる言葉。fee（料金）とはどこかに入ったり，所属したりするときに払わなければならない金額のことで，それはまたあなたがプロのサービス（たとえば弁護士など）を受けたときに支払うお金という意味もある。そして fare（運賃）とは，バスや電車や飛行機などどこかへ移動するときに支払うお金のことです。

(1) 多くの両親の場合，２人分の給料（収入）が教育費（授業料）を払うのに必要だ。
(2) 最近の都会暮らしにかかる経費は笑いごとではない。
(3) 今年の春，航空運賃が値上がりするらしい。
(4) 冷夏のときは野菜の値段が高騰する。

309. birthday

私は特別な日です。だれにでも年に１度やってきます。若いときには歓迎されますが，年をとるとあまり歓迎されません。100回以上やってくると，それは本当にすばらしいことです。私は何でしょうか。(⇒ 誕生日)

310. vegetable

私を好まない人もいますが，健康にはいいのです。私の家族にはタマネギやジャガイモ，ニンジンがいます。肉ばかり食べるのはよくありません。私も食べるべきです。私は何でしょうか。(⇒ 野菜)

311. medicine

ふつう病気のときに医師や看護師によって使用されます。私が人の体内に入ると，その人ができるだけすぐに元気になるよう私は全力を尽くします。健康でないときは，私を使ってください。(⇒ 薬)

p.35 ————————————————

312. brain

脳は身体の一部です。人にも動物にも脳はあります。脳があるおかげで，動いたり考えたり感じたりすることができるのです。

313. cousin

いとこは，おじやおばの子どもです。カレンの家族では，テスおばさんに一人娘がいて，ハーパーおじさんは３人息子がいます。つまり，カレンは４人のいとこがいます。

314. energy

エネルギーは，物体を動かすものです。人間はエネルギーを得るために食物を食べます。太陽から受ける熱と電気は別の種類のエネルギーです。

315. address

住所は人にある場所がどこなのかを教えるものです。それで人はそこに行ったり，そこへ手紙を送ることができます。家の住所は，あなたが住んでいる通りや街のことです。

316. moved

move には「動く；動かす」「引っ越す」などのほかに「感動させる」という意味もある。
move ㊅ to tears（涙を流すほど㊅を感動させる）

317. old enough to take, himself

... enough to 原形（～するのに十分…，～できるほど…）
take care of *one*self は「自分自身の世話をする」ということから「自分のことは自分でする」という意味でとらえるとよい。なお，*one*self は，主語に応じて myself や yourself, himself, herself, themselves のように使い分けること。

318. don't you ask, not to

① **Why don't you ～?**（～してはどうですか）

② **ask** 人 **to** 原形（人に～するよう頼む），**ask** 人 **not to** 原形（人に～しないよう頼む）

319. if, not

① mind は「気にする，いやに思う」という意味。（おもに，疑問文・否定文で用いる）

Would you mind if 主語＋過去形動詞 ～?（～してもかまいませんか ← ～したら気になさいますか ）

問題文は次のようにも言いかえられる。

= Would you mind my bringing a friend to the party?

② Would you mind ～? に対して，「かまいません，いいですよ」と答える場合，Not at all. / Certainly not. / Of course not. などと表現する。

320. went

It is time 主語＋過去形動詞（～してもいいころだ）

これは仮定法過去の表現で，過去形動詞を使う点に注意しよう。（実際はまだ寝ていない，という含意がある）

321. it impossible

「氷山が，船が前進することを不可能にした」というふうに考える（無生物主語表現）。

make it 形容詞 **for** 人 **to** 原形（人が～するのを…にする）

it は（for 人）to 原形を指す形式目的語。

The iceberg(S, 無生物) **made**(V) **it**(O) impossible(C) **for** the ship **to** advance.（it = for the ship to advance）

〈無生物主語表現〉

① 氷山に阻まれて船は前進できなかった。

② 船が前進するのを氷山が不可能にした。

日本語では，無生物主語（人ではない主語）が動作を示したり，ほかの人や物に働きかけるように表現するのは不自然に感じられるが，英語では①のように表現することがある。無生物主語の表現では決まった動詞が用いられることが多い。

例）*What* **made** her so angry?

（なぜ彼女はあんなに怒ってるの？ ← 何が彼女をあれほど怒らせたの？）→ **150** 参照

This song always **reminds** me **of** my school days.

（この歌を聞くと，いつも学生時代を思い出す ← この歌はいつも私に学生時代を思い出させる）　remind 人 of ～（人に～を思い出させる）

p.36

322. cut this cake with

with は「（道具など）～で，～を使って」の意味。We cut this cake with the knife. という文を元に考える。不定詞の形容詞的用法で，どのようなナイフなのかを後置修飾で表現している。

比較〉I don't have anything to write *with*.（〈筆記用具など〉書くものがない）
I don't have anything to write *on*.（〈用紙など〉書くものがない）

323. little, left

orange juice が数えられない名詞で，「ほとんど～ない」という否定的な意味なので，little を使う。「残っている状態」は leave（残す）の過去分詞 left で表す。

324. locked

remain（～のままである）は第2文型の動詞として使う。
remain 過去分詞（～されたままである）

325. driving

avoid（～を避ける）は後に動名詞（-ing）を続ける。→ **2** 解説参照

326. wish, were

実際には相手はいっしょに夕陽を見ていないと考えられるから，仮定法過去（現在の事実に反する内容）で表現する。

「（いま現在）～ならいいのになあ」⇒ I wish 主語＋*過去形動詞 ～〈仮定法過去〉

*ただし，be 動詞の場合，主語が単数であっても，was の代わりに were を使うことが多い。

327. less, than

talkative（おしゃべりな），**used to** 原形（以前は～だった）
less 原級 **than** *A*（*A* ほど～ではない）〈劣等比較〉

328. So can

倒置構文〈So＋(助)動詞＋主語〉「～もまた同様である」

So can I（私もまた同様である，私もできる）
（can：助動詞，I：主語）

直前の文の内容を受けて，「～もまた同様である」の意味を表す表現。
主語と（助）動詞の語順が入れかわる（倒置する）点に注意！

例）I'm left-handed, and **so** **is** my brother.
（私は左利きで，兄もまた同様です）
Most students knew the teacher, and **so** **did** I.〈時制に注意〉
（ほとんどの学生がその先生を知っていたし，私もまた同様でした）

比 較〉否定文の後に「～も（同様に）そうではない」という場合は〈**Neither**（または **Nor**）＋(助)動詞＋主語〉の形になる。

例）When Mary traveled in China with her friends, she couldn't speak Chinese, and **neither** **could** her friends.（メアリーが中国を旅行したとき，彼女は中国語を話せなかった。彼女の友人たちも同様に話せなかった）

329. allow [permit], to go

let 人 原形 / allow 人 to 原形 / permit 人 to 原形（人が～するのを許す・許可する）
permit は，let や allow よりも少し格式ばった言い方。let では語数不足になる。

330. thirteenth

友人は13回目の誕生日の３日前にその試験に合格した。わずか12歳だった。

331. Saturday

きょうは月曜日です。おとといは土曜日でした。
the day before yesterday（おととい，一昨日）
比較〉**the day after tomorrow**（あさって，明後日）

332. weather

「北海道のきょうの天気はどうですか」「くもりです」
① weather（天気，天候）　比 較〉climate（気候）
② *How* is the weather? = *What* is the weather *like*?

333. higher, that

阪神地域では夏はとても湿度が高い。７月と８月の神戸の平均気温は北海道函館よりずっと高い。
① 温度（temperature）の高低は high / low で表す。
② much は比較級を強調して，「ずっと」の意味を表す。
③ 前に現れた〈the＋単数名詞＋of ～〉のくり返しを避けるため，that of ～ の形を用いる。

334. do

「紅茶とコーヒーとどちらがいい？」「どちらでもいいよ」
Either will do.（どちらでもいいよ）は会話表現として覚えておきたい。
ここでは do は will とともに用いられて「間に合う，役目を果たす，適当である」の意味を表す。

p.37

335. (a) **rode** (b) **road** [roud]

(a) 彼らはバスに乗ってスタジアムへ行った。
(b) 通りの激しい道路を渡るときは注意しなさい。

336. (a) **weigh** (b) **way** [wei]

(a) 体重は45キログラムです。どうやら１キログラムかそこら減ってしまったようです。
(b) 博物館までは長い道のりです。あなたは歩いてそこへは行けません。

337. (a) **higher** (b) **hire** [háie*r*]

(a) 高く登れば登るほど，空気はますます薄くなる。
(b) 事業が好転しているので，ことしはもっと人を雇う予定だ。

338. **got**

(a) 彼らは10時に空港に到着した。
get to ～（～に到着する）= arrive at[in] ～，reach ～
(b) 彼女は興奮して，部屋から出て行った。
(c) 彼は公園で自転車を盗まれた。
get[have] O 過去分詞（O を～させる・してもらう；O を～される）→ **186** 解説参照

339. **way**

(a) このようにして彼女はテストに合格した。
This is the way ～ = This is how ～（このようにして～）
(b) どうぞこちらへおいでください。
This way, please.（どうぞこちらへ）
(c) 彼らはある意味似ている。
in a way = in a sense（ある意味では）

340. **say**

(a) 私に代わってご家族のみなさまによろしくお伝えください。
Please say hello to ㊟**.**（㊟によろしくお伝えください）
(b) その知らせを聞いたとき，あなたはどう思いましたか。
say to *one***self**（ひとり言を言う；～と思う）

341. **run**

(a) その２つの川は太平洋に注いでいます。
run into ～ は「～に偶然会う；～にぶつかる」などの意味もあるが，ここでは「～に流れ込む」の意味。
the Pacific Ocean（太平洋） 比較〉the Atlantic Ocean（大西洋）
(b) 父は将来 店を経営したいと思っています。

run には「〜を経営する」という意味もある。

(c) その映画は長い期間上映されました。

a long run で「長期公演，ロングラン」

342. make

(a) その知らせを聞けば，彼女は悲しむだろう。

(b) 私に場所を開けてくださいませんか。

make room for ㊇（㊇のために場所を開ける，㊇に席をゆずる）⇒ ここでは room は「部屋」ではなく「余地」の意味。

(c) 2＋3＝5

X and *Y* make *Z*. で「$X+Y=Z$」の意味を表す。

343. last

(a) その本の最後のページを読みなさい。

(b) ついに彼は机の下にカギを見つけた。

at last = finally（ついに）

(c) この暑い天候はどのくらい続きますか。

last は動詞で「続く」の意味。

p.38

---

344. not

(a)「あす晴れますか。私たちはピクニックに行くのです」
「残念ながら晴れないでしょう。ほかの日にするほうがいい」

I'm afraid not.（残念ながらそうではないと思う）

⇔ **I hope so.**（そうなればいいと思います）

(b)「お宅のすてきな庭を写真に撮っていいですか」
「もちろん。気に入ってもらってなによりです」

Why not?（もちろんです，賛成です ← なぜだめなんですか）

345. raise

(a) 貧しい人たちを助けるために，彼らは思ったよりも多くのお金を集めることができた。

raise money（資金を集める）

(b) 私に質問があれば，自由に手を挙げてください。

raise *one's* hand（挙手する）

346. like

(a)「おじいさまとおばあさまがどんな方か教えていただけますか」
「陽気で思いやりのある人たちだと思います」

重要 **What is *A* like?**（*A* はどのような人・ものか）

問題文では間接疑問で用いられている。→ **36** 解説参照

(b) 何か書くものを探してます。えんぴつか何かもっていませんか。

～ or the like（～か何か同じようなもの）⇒ この場合の likeは名詞で,「似たもの［人］」の意味。

347. whose

(a) このテストは私が答えを知っている問題がたくさんあったので，うれしかった。

関係代名詞の前後が「*A* の *B*」という関係のときは所有格を使う。

(b) これはだれの財布かわかりますか。

「だれの」の意味の疑問詞で，whose 以下は間接疑問。→ **36** 解説参照

348. in

(a) その上着を着るとかっこいいね。どこで買ったの？

in ～（～を身につけて）

(b) あす雨が降るならば，１か月ぶりの雨だ。

for the first time in ～（～のうちではじめて → ～ぶりに）

349. far

(a) ここまでのところわかりましたか。

so far（いままでのところ）

(b) ここから空港までどれくらいの距離があるのですか。

重要 **How far is it from *A* to *B*?**（*A* から *B* までどれだけの距離ですか）

350. on

(a) きょう列車は時刻通りに運行していますか。

on time（時刻通りに）

(b) 彼女は新しいパーティードレスを試着した。

try on ～（～を試着する，～を試しに身につける）→ **274** 参照

351. from

(a) アメリカフットボールはサッカーと大きく異なります。

***be* different from** ～（～と異なる）

(b) 彼の奥さんは重い病気に苦しんでいます。

suffer from ～（～に苦しむ）

352. kept

(a) 私は窓を開け放ったままにしておいたのに，だれかが閉めた。

keep O 形容詞（O を～ままにしておく）

(b) 彼は駅で待たされ続けた。

keep ㊇ waiting（㊇を待たせておく）

353. **moved**

(a) 親友が外国に引っ越してしまった。彼がいなくてとてもさみしい。

move to ～（～に引っ越す）

(b)「彼女のスピーチを聞いた？」「うん，聞いた。すごく感動した」

move（～を感動させる），*be* moved（感動する）→ **316** 参照

p.39 ———

354. (1) **cannot [can't] enter**

cannot [can't] 原形（～することはできない）

(2) **must not bring, that you buy [bought]**

must not 原形（～してはいけない）

関係代名詞 that を使い，food or drinks に説明を加える。

(3) **not use phones during**

Do not 原形（～してはならない）

(5) **Please leave the theater soon after**

soon after ～（～のすぐ後に）

＊ **If you have any questions**

have a question（質問がある）

p.40 ———

誤文訂正

355. **Could → Would**

「ジョーンズさん，もっとコーヒーはいかがですか」「はい。ミルク入りでお願いします」

Would you like ～?（～はいかがですか）は勧誘を表す。

356. **after → since**

「来月 彼に会うのが待ちきれません」「最後に彼に会ってからだいぶたちます」

It is [has been] 経過時間 **since** ＋主語＋動詞（過去形）～ → **156** 解説参照

357. **How → What**

「先日 見た映画はどうでしたか」「よかったです。あの種の映画は好きなんです」

What do you think of ～?（～をどう思いますか）

比較〉**How do you feel about ～?**

（～についてどう感じますか，～をどう思いますか）

358. **expensive → high**

「地価はここのところそれほど高くない」
「でも，東京で一戸建てを買うのはいまでもたいへんだよ」
price（価格）は high（高い）/ low（低い）で表現する。

359. ア → **I go**

毎日，満員電車で通学しています。
文末の every day に注目する。「現在の習慣」を表すと考えられるので，進行形にする必要はない。

360. イ → **satisfied with**

少年は父親からもらった誕生日のプレゼントに満足しているようだ。
be satisfied with ～（～に満足する）→ **55** 解説参照
The boy (㊛) が主語なので，過去分詞 (satisfied) にする。→ **163** 参照

361. ○

５歳の息子は，私が子どものころに使ったベッドを使っている。
「５歳の」という複合語の形容詞にする場合，ハイフン (-) でつなぎ，year のように単数形にして，five-year-old の形で用いる。as a child（子どものころに）

362. エ → **I have ever seen**

富士山を見たとき，「いままで見た中でいちばん美しい山だ」と心に思った。
never を ever にする。この ever は，最上級の形容詞を伴う先行詞を修飾する節中で現在完了とともに用いられる。

363. イ → **beating fast**

ぬれた落ち葉ですべったときに，心臓が速く鼓動しているのを感じた。
feel O -ing（O が～しているのを感じる）⇒ feel は知覚動詞。

p.41

---

364. **will rain → rains**

雨が降らないうちに帰宅したほうがいい。
if, や when, before, until, as soon as などが導く〈時〉や〈条件〉を表す副詞節の中では，未来の内容であっても will を用いずに表現する。→ **1** 解説参照
it が主語なので，３・単・現の s を忘れずに。

365. **giving → to give**

ゆうべ彼女に電話するのを忘れたので，いま電話しなければならない。
forget to 原形（～することを忘れる，～し忘れる）⇒ まだしていない。
forget -ing（～したことを忘れる）⇒ すでにした。→ **2** 解説参照

366. **can't → can**

この本はとてもやさしいので子どもでも読めます。

文意から判断して，can でなければならない。

367. **for → to**

それをスミスさんの誕生日に贈ります。

give 物 to 人（人に物を与える）

to ではなく for を使うのは，buy や make，find，get などの場合。→ **127** 解説参照

368. **passed → has passed**

今日までのところ，祖父が禁煙してからほぼひと月がたちました。

経過時間 **have［has］ passed since** 主語＋動詞（過去形）～ → **156** 解説参照

369. **haven't → don't**

あなたはきょう宿題をしなければならないのですね。

have［has］ to ～（～しなければならない）の否定は don't［doesn't］ have to ～ の形になるので，付加疑問は〈don't［doesn't］＋主語〉の形になる。

370. **to → in または at**

父はよく川に釣りに行く。

×go *fishing* to the river ではなく，○ *go* fishing in［at］ the river というつながりで考える。

371. ○ だれかが私の名前を呼んでいるのが聞こえた。

知覚動詞（hear）の用法をまとめておこう。

hear O 原形 （O が～するのを聞く）

hear O -ing （O が～しているのを聞く）

hear O 過去分詞（O が～されるのを聞く）

例）I *heard* my name *called.*（自分の名前が呼ばれるのを聞いた）

372. ○ 明日の午後，岡山に向かいます。

現在進行形を用いて近い未来を表すことができる。現在その近い未来に向けて周りの状況や物事が進行しているという意味あいをもつ。

leave for ～（～へ向けて出発する）

373. **with which → which または that**

そのシェフが魚を切るのに使う包丁はとても切れ味がよい。

the knife のあと fish までの関係詞節に注目。元になる文は，The chef uses the knife to cut fish. となる。uses の目的語の the knife が先行詞なので，関係代名詞・目的格 which を使う。元になる文が The chef cuts fish *with* the knife. ならば，The knife *with* which the chef cuts fish となる。

374. to go → to going

散歩に行くのはどうですか。あなたは運動したほうがいい。

What do you say to -ing?（～するのはどうですか）

to は不定詞ではなく，前置詞なので，後に続く動詞は動名詞（-ing 形）にする。

375. which → where（または in which）

アーサー，ここはね，あなたのお父さんとお母さん（私）が初めて会った遊園地なの。

先行詞が the amusement park で，場所を表しているため，関係副詞 where を使う。関係副詞を使う場合は，先行詞が関係詞節内で場所や時などを表す副詞の役割をしているとき。

This is the amusement park.

+Your father and I met each other in the amusement park for the first time.（これが遊園地である＋あなたの父親と私は その遊園地内で 初めて出会った）

副詞句・場所 ⇒ 関係副詞（where）にする。

比較〉This is the amusement park.

+The amusement park is visited by a lot of foreigners.

（これが遊園地＋その遊園地は 多くの外国人の訪問を受ける）

主語の働き ⇒ 関係代名詞・主格（which, that）にする。

376. wasn't → was

そのホテルが私の家族に提供した部屋はとても汚くて，満足にはほど遠かった。

the hotel ～ my family までが the room を修飾。

***be* far from** ～（～からほど遠い，～とはあまりにも違いすぎる）

wasn't では「遠くない（＝近い）」という意味になってしまう。

satisfying（満足させる〈ような〉）は物・事を主語とする一方，satisfied（満足する）は㊟を主語にする。→ **163** 解説参照

377. a little → little

だれがその腕時計を見つけるかはほとんど問題ではない。見つかるのでさえあれば。

文脈上ここは否定的な表現でなければならない。a little（少し），little（ほとんど～ない）

matter は「～が問題である」という意味の動詞。

It は who finds the watch を指す形式主語。

as long as ～（～するかぎりは，～でさえあれば）〈条件〉

378. when → since

エミリーは日本語がかなりじょうずに話せる。なぜなら小さいころから日本語を勉強し続けているから。

現在完了なので，「～から今まで継続してやり続けている」という意味にしたい。when she was a little girl（彼女が幼い少女だったとき）ではなく，since she was a little girl（彼女が幼い少女だったときからずっと）にする。

379. to be built → to have been built

そのお城は，15世紀に建てられたと言われている。

be said to be ～（～であると言われている），*be* said to have been ～（～だったと言われている）

380. many → large

この国の人口が福岡市の人口とほぼ同じということを知っていますか。

population（人口）は many ではなく large で表す。

381. Nor I have. → Nor have I.

「ぼくはこの映画を前に見たことがない」「ぼくもない」

Neither や Nor（肯定文の場合は So）を使って，「～もまた同様である」と言うときの表現。S と V が倒置する。→ **328** 解説参照

p.42

言いかえ

382. how many

(a) 彼らのもっている車の数を彼にたずねた。

(b) 彼らが何台 車をもっているのか彼にたずねた。

the number of ～（～の数），how many ～（いくつの～）

383. (a) how (b) the way

(a) 図書館への行き方を教えてくれませんか。

(b) 図書館への道を教えてくれませんか。

how to 原形（～しかた，～する方法），the way to ～（～への道）

384. whose hair

(a) レナードさんは白髪の紳士です。

(b) レナードさんは髪が白い紳士です。

関係代名詞・所有格（whose）を使う。→ **347** (a) 参照

385. number, living

(a) 大阪にはどれくらいの数の人たちが住んでいるのですか。

(b) 大阪に住む人の数はどれだけですか。

→ **382** 参照，**39** 解説参照

比較〉*What* is the population of Osaka?（大阪の人口はどれだけですか）

386. Some, others [some]

(a) 彼らすべてがその本に興味をもっていたわけではなかった。

not all（すべてが～というわけではない）は部分否定を表す。→ **389** 解説参照

(b) その本に興味をもっていたものもいれば，そうではないものもいた。

重要 **Some ～, others [some] ….**（～もいれば，…もいる）

387. never, such

(a) これは私がいままでに読んだもっとも分厚い本です。

(b) これほどの分厚い本をいままでに読んだことがない。

「いままででいちばん～」→「いままでこんな～はない」

such *A* **as** *B*（*B*のような*A*）→ **165** 参照

388. couldn't, it, dark

(a) 暗さに妨げられて，私たちにはあなたが見えなかった。

(b) 暗かったので，私たちにはあなたが見えなかった。

keep O from -ing（O が～するのを妨げる）

この表現は無生物主語で用いられることが多い。「私たちがあなたを見るのを暗さが妨げた」→「暗さのせいで，私たちにはあなたが見えなかった」という言い方に慣れよう。

389. does, always

(a) 彼はふだん完璧に英語を話しますが，彼でさえもときには間違えることもあります。

(b) 彼でさえもいつも完璧に英語を話すというわけではない。

「ふだんは～だが，ときにはそうでない場合もある」→「いつも～するわけではない」

not always ～（いつも～というわけではない）〈部分否定〉を使おう。

〈部分否定〉

not always ～（いつも～というわけではない）

not all ～（すべての～というわけではない）

not every 単数名詞（すべての～というわけではない）

例）*Not every* student has his or her own computer.

○ すべての生徒が自分のコンピュータをもっているというわけではない。

× すべての生徒が自分のコンピュータをもっていない。

比較）*No* student in this class has been abroad.

（このクラスの生徒はひとりも外国へ行ったことがない）

390. against

(a) あなたのプランに賛成しません。

(b) あなたのプランに反対です。

重要 **for**（～に賛成して）⇔ **against**（～に反対して）

391. **on talking**

(a) 彼らの話は長い間 続いた。

(b) 彼らは長い間 話し続けた。

keep on -ing（～し続ける）

392. **his age**

(a) 彼が何歳か知りません。

(b) 彼の年齢を知りません。

「彼が何歳なのか」を「彼の年齢」と言いかえられるかがポイント。

393. **thing, another**

(a) 知っていることとは教えることと違う。

(b) 知っていることと教えることは別のものである。

***A* is one thing, and *B* is another.**（*A* と *B* は別のものである）

p.43 ――

394. **Fifteen minutes' walk**

(a) 歩いて駅まで15分です。

(b) 徒歩15分で，駅に行きます。

(b) は「15分の歩行があなたを駅へ導く」という英語独特の表現（無生物主語）。

minutes の所有格に注意（-s の複数形の場合，アポストロフィのあとに s をつけない）。

例）girls' school（女子校），teachers' room（職員室）

395. **belong to**

(a) これはだれの家ですか。

(b) この家はどなたの所有ですか。

belong to ～（～に属している；～のものである）

396. **that, was**

(a) (b) 彼はとても親切だと私は思った。

think や say，know などの動詞は that 節（「～ということ」）を目的語にとることができる（that は省略できる）。なお，問題文では主節の動詞が過去形（thought）なので，that 節の動詞も過去形（was）にする（時制の一致）。

397. **see, before**

(a) ゴールデンゲートブリッジを見ずにサンフランシスコを去りたくなかった。

(b) サンフランシスコを発つ前にゴールデンゲートブリッジを見たかった。

「見ずには去りたくなかった」→「去る前に見たかった」と考える。

398. without

(a)（b）雨が降らなければ，多くの木々が枯れて死ぬ。

without（～なしで；～がなければ）　(a) の rain は動詞，(b) の rain は名詞。

399. well

(a)（b）あなたがこのプランに賛成ならば，私も賛成です。

～ **as well**（～も同様に）

400. used

(a)（b）彼女はかつてはヘビースモーカーだったが，いまではそうではない。

used to 原形（かつては～だった）⇒「いまではそうではない」という意味を含む。

401. by, was lying

(a) 浜辺に寝ころんでいた男性が突然私に話しかけてきた。

(b) 浜辺に寝ころんでいた男性に，私は突然話しかけられた。

① 能動態から受動態への言いかえ。speak to 人（人に話しかける）の受け身は *be* spoken to にする。

② 重要 **lie—lay—lain—lying**　（横になる）
lay—laid—laid—laying　（横にする）

402. last, to come（または last, who [that] came）

(a) ほかのみんなはトムよりも先にやってきた。

(b) トムが最後に来た人物だ。

to 不定詞または関係代名詞を用いて答える。

403. or, able

(a)（b）いま出発しなければ，最終列車に乗るのは無理でしょう。

〈命令文 ～，**or** …〉（～しなさい。そうしないと… / ～しないと，…）

It is impossible for 人 to 原形（人が～するのは不可能である）→ **134** 参照

404. her, came

(a)「妹さんは何時に帰宅するのですか」と彼は彼女にたずねた。

(b) 妹が何時に帰宅するのか彼は彼女にたずねた。

(a) 直接話法から (b) 間接話法に言いかえるときには，次の点に注意しよう。

① 直接話法の疑問文は間接話法では間接疑問になるので，語順が変わる。

② **人称代名詞**：直接話法の引用部分（“　”）の中の your は彼が話している相手（her）であるため，間接話法では her sister になる。

③ **時制の一致**：彼がたずねた（asked）のが過去なので，come も間接話法では時制を一致させ，過去形（came）にする。

p.44

405. **don't we**

(a) 散歩に行きましょう。

(b) 散歩に行きませんか。

① 重要 **Let's** ～（～しましょう）, **Why don't we** ～?（～しませんか）など勧誘を表す表現 → **129** 解説参照

② **go for a walk**（散歩に行く）

406. **What is**

(a)「英語で天の川をどのように言いますか」「Milky Way と言います」

(b)「英語で天の川は何と呼ばれていますか」「Milky Way と呼ばれています」

say を用いる場合, How do you say *A* in English?（*A* を英語でどのように言いますか）の形で覚えてしまおう。

407. **can't, easily**

(a) この本を読むことは彼には困難である。

(b) 彼にはこの本を簡単には読めない。

easily（簡単に, 容易に）

408. **any, with which**

(a)（b）私にはあの木を切る道具が何もなかった。

① no ～ = not any ～

② tools を先行詞にして, 関係代名詞を入れる。with は「(道具などを) 用いて」の意味を表す。→ **373** 解説参照

tools with *which*[×that] I could cut that tree

= tools (*which*[○ that]) I could cut that tree with

409. **possible**

(a) ローラはうそをついたのかもしれない。

may have 過去分詞（～したかもしれない）

(b) ローラがうそをついたという可能性はある。

It is possible that ～（～という可能性がある）

⇔ **It is impossible that** ～（～ということはありえない）

410. (a) **with** (b) **it**

(a) その質問に簡単に答えられると彼はわかった。

with ease（簡単に, 容易に） = easily

(b) その質問に答えることは簡単であると彼はわかった。

find it 形容詞 **to** 原形（～することは…と思う・わかる）

411. but（also）the Internet has

(a) テレビとインターネットはともに子どもたちに大きな影響を与えます。

(b) テレビだけでなく，インターネットも子どもたちに大きな影響を与えます。

not only *A* **but（also）** *B*（*A* だけでなく *B* も）の表現では，*B* のほうに重きが置かれ，この表現を含む語句が主語になるとき，動詞は *B* に対応する。

例）Not only my brother but also I am a good swimmer.
（兄だけでなく私も水泳が得意です）

ほかの表現の場合は以下の通り。

A **as well as** *B*（*B* と同様に *A* も） ⇒ 動詞は *A* に対応する。
both *A* **and** *B*（*A* と *B* の両方とも）⇒「両方」なので複数扱い。
either *A* **or** *B*（*A* か *B* のどちらか）⇒ 動詞は *B* に対応する。

412. not as［so］many air accidents

(a) 2010年のほうが2009年よりも航空機事故が多かった。

(b) 2009年は2010年ほど航空機事故が多くなかった。

as many air accidents as ～ の語順に注意する。次の語順は誤り。
×There were not air accidents in 2009 as many as in 2010.

413. order to be in time

(a) 学校に遅刻しないよう，今朝は早起きした。

(b) 学校に間に合うよう，今朝は早起きした。

in order to 原形（～するために）
be **in time for** ～（～に間に合う）⇔ ***be*** **late for** ～（～に遅れる）

414. you mind showing me

(a) あなたのノートを見せてもらえますか。

(b) あなたのノートを見せてもらってかまいませんか。

Would you mind -ing?（～していただけませんか）
Would you mind -ing? の文字通りの意味は「～するのはいやですか，～していただいてかまいませんか」なので，「かまいません，いいですよ」と答える場合，**Not at all.** / **Certainly not.** / **Of course not.** などと表現する。

p.45

並べかえ

415. **(Going) there by car (is) not always (the) fastest way.**

not always ～（いつも～というわけではない）→ **389** 解説参照

416. **(I) couldn't help thinking that (he) must be lying.**

① **can't help -ing**（～せざるを得ない，～せずにはいられない）

⇒ この表現では can't help は「避けられない」という意味を表す。

②「うそをつく」の意味の lie は，lie—lied—lied—lying と変化する。

比較〉lie—lay—lain—lying（横になる）

417. **(How) much would it cost (me) to have (this watch) repaired?**

have O 過去分詞（O を～してもらう・させる）→ **186** 解説参照

418. **(Mr. Smith) is our (English teacher and what he) says (in class) makes us very happy.** [teaches が不要]

ここでは **what** は関係代名詞で，「～こと・もの」の意味を表す。what he says（彼が言うこと＝彼の話）

419. **Not only (our child,) but also (my wife and I) are (looking forward) to climbing (the mountain.)** [climb が不要]

① **not only** *A* **but (also)** *B*（*A* だけでなく *B* も）→ **411** 解説参照

② **重要** **look forward to -ing**（～するのを楽しみにする）⇒ to は前置詞なので，続く動詞は -ing 形にする。

420. **(Shall we) continue to talk about the problem over dinner?**

continue to 原形（～し続ける）

over dinner（夕食をとりながら）← 夕食をはさんで向こう側とこちら側，というイメージ。

比較〉**over a cup of coffee**（コーヒーを飲みながら）

421. **Who do you think wrote the book your brother is reading?** [下線部が不足]

「だれが～を書いたと思いますか」は，×Do you think who wrote ～? ではなく，○Who do you think wrote ～? と表現する。「だれが～を書いたと思いますか」は Yes / No で答えられない質問なので，Who を文頭にして言う。→ **36** 解説参照

the book の後に関係代名詞の省略されていると考えるとよい。「いまお兄さんが読んでいる」ので，現在進行形で表現する。

422. **(He) was such a fast runner that no (one could catch up with him.)** [runs が不要]

so ～ that ...（とても～なので…）と似た表現 **such a/an** 形容詞＋名詞 **that ...**（とても～な＿＿なので…）を使う。

重要 **such a/an** 形容詞＋名詞 **that** … は頻出なので必ず覚えよう。「とてもおもしろい本」は such *an* interesting story,「とてもきれいな水」は such clear water など，a / an の使い分けや有無に注意しよう。→ **165** 参照

p.46

423. I think it necessary for us to talk to each other.

I think that it is necessary for us to talk to each other. の文とほぼ同じ意味を表す。

解答の文の it は形式目的語で，(for us) to talk to each other を指す。

I think it necessary for us to talk to each other.
(S: I / V: think / O: it / C: necessary; it = for us to talk to each other)

424. (**This is**) **the cheapest house to live in that we have ever** (**found.**)

語数が多い並べかえの問題では，まずいくつかの語をまとめてフレーズ（意味上のかたまり）を作るとよい。ここでは，to live in（住むための）と we have ever found（私たちが今までに見つけた）を作ってから考えるとよい。この２つのフレーズが house を後置修飾する。that は関係代名詞として we の前に置く。the cheapest は house を前から修飾する。

425. Most of the children like watching TV.

その子たちのほとんどはテレビを見るのが好きである。

most of the ～（～のうちのほとんど）の形で覚えておくとよい。

426. (**This book**) **is too difficult for all of us** (**to read.**)

この本は私たちみんなにとって難しすぎて読めない。

too 形容詞・副詞 **for** 人 **to** 原形（…すぎて人には～できない）

427. She runs faster than any other student (**in her class.**)

彼女はクラスのほかのどの生徒よりも速く走る。

重要 原級・比較級を用いて最上級の意味を表す表現

She runs (**the**) **fastest** in her class.

⇒ She runs **faster than** any other student in her class.

⇒ No other student runs **faster than** she.

⇒ No other student runs **as** [**so**] **fast as** she.

428. (**They**) **believed that tomatoes made them sick.**

むかし，ヨーロッパの一部では，トマトは食べてはいけないものだと人々は思っていた。トマトは自分たちを病気にするものだと彼らは信じていた。

make O 形容詞（O を～にする）

429. (**Before then, people**) **looked at the sun to tell the time.**

時計は15世紀にヨーロッパで初めて作られた。それ以前，人は太陽を見て時を知った。

tell the time（時間を知る）

430. (For example, you may) **plan to leave Japan for America.**

どの国でもそれぞれ違う通貨がある。たとえば，あなたが日本を発ってアメリカに向かうとします。そのとき円をドルに交換しなければなりません。

① **leave** *A* **for** *B*（*A* を発って *B* へ向かう）

比較〉**leave for** *A*（*A* へ向けて出発する）

② yen を dollars に両替するとあるので，日本からアメリカへ向かうと想定する。

431. (So,) **a violin made of the wrong wood won't sound** (nice.)

バイオリンは特別な種類の木で作られる。その木はバイオリンの音色にとってたいへん重要である。だから，ふさわしくない木から作られたバイオリンはよい音がしない。

a violin を made of the wrong wood が後ろから修飾している。

432. Please tell me who cooks breakfast every morning. [does が不要]

毎朝だれが朝食を作るのか教えてください。

Please tell me で始めて，間接疑問を続ける。→ **36** 解説参照

433. (Not) **only English but also French is spoken** (in that country.) [are が不要]

その国では，英語だけでなくフランス語も話されている。

不要の語が is か are かを見分けるのがポイント。→ **411** 参照

434. The runner ran as fast as he could. [can が不要]

そのランナーはできるだけ速く走った。

重要 **as** 原級 **as** 人 **can** = **as** 原級 **as possible**（できるだけ～）

主節の動詞が過去形（ran）なので，時制を一致させて could を用いる。

435. No one would like you to say such (a thing.)

だれもあなたにそんなことを言ってほしいとは思ってはいない。

no one（だれも～ない），**would like** 人 **to** 原形（人に～してほしい）

p.47 ——————————

436. It was careless of you to do such a thing. [for が不要]

そんなことをするなんて，あなたは不注意だった。

It is 形容詞 **of** 人 **to** 原形（～するとは，人は…である）

この表現では，形容詞には kind や careless（不注意な），foolish（おろかな），rude（無礼な）などを用いる。前置詞 of を使うことに注意。→ **161** 参照

437. (Do) **you want me to help you with your homework?**

私に宿題を手伝ってほしいですか。

want 人 **to** 原形（人に～してほしい），**help** 人 **with** ～（人の～を手伝う）

438. Look at the boy and the dogs that are running over (there.) ［whichが不要］

向こうを走っている男の子と犬を見てごらん。

先行詞が〈人＋動物・物〉の場合，関係代名詞にはthatを用いる。

439. It has been 25 years since our parents got married. ［下線部が不足］

(a) 両親は25年間 結婚生活が続いています。

(b) 両親は結婚してから25年になります。

経過時間［年月］を表す表現 → **156** 解説参照

get married (**to** ～)「(～と) 結婚する」

440. (Bob) left the room without saying anything. ［下線部が不足］

(a) ボブは黙って部屋を出て行った。

(b) ボブは何も言わずに部屋を出て行った。

441. I couldn't believe what he said. ［下線部が不足］

(a) 彼の言葉を信じるのは私には無理だった。

(b) 彼が言ったことが私には信じられなかった。

442. There will be nobody to feed him.

A：森へキャンプに行きましょう。3泊できると思う。

B：いいね。あっ，でも犬はどうしよう。エサを与える人がいなくなっちゃう。

A：いっしょに連れていこう。

B：いいね。

443. (I also) want to make as many friends as I can.

A：その学校に入学したら，一生懸命 勉強するつもり。それから，できるだけ多くの友人をつくりたい。

B：いいね。

① manyの位置に注意する。×make friends as many as I can

② 重要 **as** 原級 **as** ㊅ **can** ＝ **as** 原級 **as possible**（できるだけ～）

444. Have you made up your mind to go (camping?) ［下線部が不足］

A：キャンプに行く決心はついた？　*B*：いや，まだだよ。まだ考え中。

make up *one's* **mind to** 原形（～することを決心する）＝ decide to 原形

445. I was told to look it up (in the dictionary, but I ～) ［下線部が不足］

A：この漢字をどう読むか知っている？

B：うーん，わからない。

A：辞書で調べるよう言われたけど，辞書の中に見つからないんだ。

I was told（私は言われた）と look it up（それを〈辞書などで〉調べる）を不定詞の to でつなげる。

p.48

446. They have fewer chances to play outside than (before.) ［下線部が不足］

A：最近の子どもたちは家でコンピュータゲームをするのが好きだね。

B：まったくだね。以前よりも外で遊ぶ機会が少なくなっているよ。

fewer（few の比較級）に着目して，before の前に than を補う。

447. How many hours will it take to get there? ［下線部が不足］

A：来週，車で盛岡に行く予定なんだ。朝の５時に家を出るんだよ。

B：着くのに何時間かかるの？

A：だいたい５時間だね。

「時間がかかる」の take を補う。主語には it を用いる。「何時間～？」は How many hours ～?

448. (1) **(Do you know) what time he will come back?**

間接疑問 → **36** 解説参照

×Do you know what time will he come back?

(2) **(Do you) want him to call you back?**

call Ⓐ **back**（Ⓐに折り返し電話連絡する）

(3) **May I leave a message for (him?)**

(4) **(Please tell him that I) will not be able to come (to the ～.)**

p.49

449. (1) **She says each of us can eat one before dinner.**

「ママが～を言っている」は She says ～ で始める。「１個ずつ」に惑わされないように。「私たち一人ひとりがひとつ食べられる」と考える。

(2) **(Well,) Mom will get angry if you eat too many now and cannot have your dinner.**

(3) **I'm so hungry that I can eat a lot.**

so ～ that ...（とても～なので…）

(4) **(Don't eat a lot, or you won't be able to) enjoy the delicious dinner Mom is (making now.)**

the delicious dinner を Mom is making now が修飾している。dinner の後に関係代名詞 which [that] が省略されていると考えるとよい。

p.50

450. （1） **as much pollution in San Francisco as there is**

① pollution（汚染，公害）は数えられない名詞なので，much で修飾する。

② not as much pollution as の語順に注意！　×not pollution as much as

（2） **is eager to move into their new house**

① ***be* eager to** 原形（～することを熱望する，しきりに～したがる）

② move（引っ越す）

（3） **about the same size as their present house**

① **the same *A* as *B***（*B* と同じ *A*）

② present はここでは「現在の」の意味。

比 較〉 **the present**（現在），**the past**（過去），**the future**（未来）

（4） **mind driving a little further to the stores**

further は far の比較級で「より遠く」の意味。

（5） **the west coast is better for surfing than the east coast**

be good for ～（～に適している）

サム・ジョンソンはニューヨークシティにある保険会社に勤めている。その会社はサンフランシスコに支店を開いたばかりで，ジョンソン氏がその新しい支店の支店長になる予定である。

サムは引っ越しをとてもうれしがっている。サンフランシスコはニューヨークよりも気候がよいと彼は言う。冬はニューヨークより穏やかで，より暖かい。また，サンフランシスコはニューヨークほど公害がない。

サムの妻スーザンは自分たちの新居への引っ越しを熱望している。その新居は現在の家とほぼ同じ大きさであるが，より現代風である。庭ももっと大きい。新居は郊外にあり，海まで半マイルほどなので，買い物にはより不便ではあるが，店まで少し遠くに車で運転することは気にしていない。

ジョンソン家の５人の子どもたちもとても喜んでいる。特にいちばん上の息子デイビッドはそうである。彼の好きなスポーツはサーフィンで，太平洋側のほうが波が高いからサーフィンには西海岸のほうが東海岸より適していると彼は言っている。もちろん，太平洋側は大西洋側ほど水温が高くない。それでもデイビッドはそのことを少しも気にしていない。

Part 1 英文法編 レベル 3

p.51

適語選択 / 不適語選択

451. イ 私たちが休暇から戻ってくる前に家が完成して(されて)いると思った。

expect O to 原形（O が～するものと思う・期待する）
O（目的語）が the house（家）なので，受け身「完成される」の意味を表す過去分詞の形にする。

452. ア 新しい車を買うそうですね。どのくらいお金がかかるかわかっているのですか。

how much 以下は know の目的語で，間接疑問の形になっている。→ **36** 解説参照

453. エ その山はとても険しいので，だれにも登ることはできない。

so ～ that ...（とても～なので…）の表現では，接続詞 that が省略されることもある。

454. エ その事故のせいで，試合は延期になりました。

cause O to 原形（O に～させる）⇒ 無生物主語の表現で用いられることが多い。
put off ～（～を延期する）

455. イ 自分の辞書でその単語を調べなさい。

look up ～（〈単語・番号などを〉調べる）

456. イ 宿題を提出しましたか。

hand in ～（～を提出する）

457. ウ メアリーはふたりの女の子のうちの背が高いほうである。

重要 **the** 比較級 **of the two**（2者のうちの～なほう）⇒ of the two が続く場合，比較級に the がつくことに注意！

458. エ ロンドンの多くの美術館は訪れる価値があると私たちの先生はよく言っています。

***be* worth -ing**（～する価値がある）

459. イ 社長の話が長くなればなるほど，ますます私たちはその話に興味をもたなくなった。

the 比較級①＋主語＋動詞 ～, the 比較級②＋主語＋動詞 ...
(①であればあるほど，ますます②)
ウは，more と interested が離れているので不適当。*the more interested* in his story we became ならば正しい。

p.52

460. ア 「紅茶はどのようになさいますか」「レモンティーにしてください」

How do you like ～?（～はどうなさいますか）は，調理方法や飲み方の好みなどをたずねるときにも使うことができる。

例）“How do you like your steak?” “Medium, please.”
（「ステーキの焼きかげんはいかがいたしましょうか」「ミディアムでお願いします」）

461. エ 「テーブルの上にある木製の宝石箱の価格はいくらですか」「5万円だと思います」

price（価格）が主語の場合，英語では「価格はいくらですか」よりも「価格は何ですか」というたずね方のほうがよい。

比較〉*How much* is the wooden box on the table?

462. イ ことしの夏は北海道へ行くのはどうですか。

What do you say to -ing?（～するのはどうですか）→ **374** 参照
to は不定詞の to ではなく，前置詞なので，後に続く動詞は動名詞（-ing 形）にする。

463. ウ 「この都市を訪れたことがありません」「私もです」

第1文で never が用いられていることに注意。否定文なので，neither を用いる。語順に注意する。→ **328** 解説参照

464. イ そのニュースにショックを受けて，彼はひと言も言えなかった。

過去分詞を使った分詞構文。接続詞を使って同じ意味を表すと，次のようになる。
When[As] he was shocked at the news, he couldn't say a word.
この文から接続詞と主語を取り，動詞を -ing 形にすると，Being shocked at the news, ～ になる。ここでは現在分詞 Being も省略して，過去分詞で始まる分詞構文を作ることができる。

465. イ きょうは学校へ行く必要はないと彼に伝えて。

×needs not 原形 という形はない。助動詞 need not 原形 ならば OK。

466. ウ あなたの友人全員[ほとんど]が信頼できます。

almost（ほとんど）は副詞なので，「ほとんどの～」という意味で名詞を修飾することはできない。

×almost your friends / ○almost all your friends → **14** 解説参照

467. ア もし私がひまならば，手伝う(ことができる)のだが。

if I were free（〈本当はひまではないのだけれど〉いま現在ひまならば）に注目して，仮定法過去の用法であることを見抜く。仮定法過去の文では，主節で過去形の助動詞を用いるので，will は不適当。

仮定法とは…

事実でないことを仮定して言う表現。現在の内容についての仮定ならば過去形，過去の内容についての仮定ならば過去完了形で表す。

① **仮定法過去**（現在の事実に反する仮定を過去形を用いて表現する）

〈**If** 主語＋過去形 ～, 主語 **would/could/might** など＋原形 **...**〉

例）**If** I **had** ten million yen, I **would buy** a new car.

（もし１千万円もっていたら新車を買うのに）〈仮定〉

Because I don't have ten million yen, I won't buy a new car.

（１千万円もっていないので新車を買わない）〈事実〉

② **仮定法過去完了**（過去の事実に反する仮定を過去完了形を用いて表現する）

〈**If** 主語 **had** 過去分詞 ～, 主語 **would/could/might** など＋ **have** 過去分詞 **...**〉

例）**If** I **had studied** harder, I **could have passed** the exam.

（もっとしっかり勉強していたら，試験に合格できたのに）〈仮定〉

Because I didn't study hard, I couldn't pass the exam.

（しっかり勉強しなかったので，試験に合格できなかった）〈事実〉

p.53

適語補充

468. sea

海は地球の表面の大部分をおおう大量の塩水である。

469. closed, been [fallen]

彼は体育の授業でとても疲れていた。それで，数学の授業のあいだ中ずっと目を閉じていた。彼が眠っていたにちがいないと教師は考えた。

must have 過去分詞（～したにちがいない，～だったにちがいない）

470. have been studying [learning]

「きのうあなたが門のところでだれかと韓国語を話しているのを聞きました。韓国語がわかるとは知りませんでした」「ええ，断続的に４年間 勉強しています」

have been -ing（〈現在にいたるまで〉ずっと～している）⇒ 過去に始まった動作が現在まで継続して進行していることを表す。

on and off（断続的に，やったりやらなかったり）

471. your own business

「きみはお金を使いすぎだよ」「心配しないで。きみのお金じゃなくて，自分のお金を使っているんだよ。大きなお世話だ」

Mind your own business.（よけいなお世話だ）→ **61** 参照

472. turn

(1)「すみません，ひどいミスをしてしまいました」
「心配しないで。すべてうまくいきますよ」

turn out ～（結局～になる；～であるとわかる）

(2)「さあ，こんどはあなたがお話する番ですよ」
「わかりました。夏のオーストラリアへの旅行について話します」

It's ㊟*'s* **turn to** 原形（こんどは…が～する番だ）

473. memory

記憶力 ＝ 私たちが学んだものを覚えておく力

彼は年をとるにつれて，記憶力が弱くなり始めていた。

as（～するにつれて）〈接続詞〉

474. invent

発明する ＝ 便利なものをはじめて作り出したり生産すること

私たちの生活をより良くするために彼女は何を発明したのですか。

475. lowest

底，底辺 ＝ 物の最も低い（lowest）部分

その船は海の底まで沈んでいった。

p.54 ——

言いかえ

476. been abroad

(a) いままで外国を訪れたことがありません。

(b) いままで外国に行ったことがありません。

重要 **abroad**（外国に）は副詞なので，「外国へ行く」と言う場合，×go to abroad としないで，○go abroad と表現する。→ **105** 参照

477. There has

(a)(b) ここ３週間ずっと雨が降っていない。

×It has been no rain. とは言わないので注意。

478. couldn't help

(a) 私たちは彼の冗談を笑うことしかできなかった（→ 彼の冗談にただ笑うだけだった）。

(b) 私たちは彼の冗談に笑わずにはいられなかった。

can't help -ing（～せざるを得ない，～せずにはいられない）

＝ **can't help but** 原形 → **416** 参照

479. **so, I could [might / would]**

(a) (b) 会議に間に合うように駅まで走った。

① **重要** **so that S can [may/will]** ～（～するために，～するよう）⇒ 時制に注意！

② ***be*** **in time for** ～（～に間に合う）⇔ ***be*** **late for** ～（～に遅れる）

→ **67, 145, 413** 参照

480. **be told what I**

(a) 人が私に何をすべきか言うのは，私は好きではない。

(b) 何をすべきか人に言われるのは，私は好きではない。

① 不定詞を受け身の形で用いて言いかえる。

② should が用いられているので，その主語（I）を用いること。

481. **did, finish**

(a) もし宿題を終えていたならば，あなたはパーティーへ行けたのに。

(b) 宿題を終えていなかったので，あなたは，パーティーへ行くのではなく，家にいて宿題をしなければならなかった。

① (a) は，**仮定法過去完了**（過去の事実に反する仮定を表す）の文で，「実際には宿題を終えていなかったので，パーティーに行けなかった」という意味を表している。

② since（～ので）は理由を表す接続詞で，文頭で用いられることが多い。

③ instead of ～（～の代わりに；～ではなく）

482. **closer look**

(a) 赤ちゃんをもっとよく見ていいですか。

(b) 赤ちゃんをもっとよく見せてください。

① Can I ～?（～してもいいですか）と Let me 原形（～させてください）はほぼ同じ意味を表す。

② take a close look at ～（～をじっくり見る）

③ close [klous]（接近した；綿密な），closely [klousli]（じっくり）⇒ それぞれ発音に注意。

483. **wish I could**

(a) 残念ながら，トムほどじょうずにピアノを弾けない。

(b) トムと同じくらいじょうずにピアノを弾ければいいのだけれど。

(b) は，現在の事実に反する願望を，**仮定法過去**で表現している。I wish S 過去形～（〈いま現在〉～ならいいのに）→ **326** 参照

484. used to, in

(a) (b) 祖父がかつて住んでいた家に彼は住んでいる。

① (a) では where は in which で置きかえられる。

② (b) では the house の後に which [that] が省略されていると考えるとよい。His grandpa used to live in the house. が元の文と考えられるので，in を忘れないように注意。

③ **used to** 原形（かつては～していた・～だった〈いまではそうではない〉）

p.55 ———

485. That's how

(a) そのように，彼は最も難しい問題を解いた。

(b) それが，彼がその最も難しい問題を解いた方法である（→ そのようにして彼は最も難しい問題を解いた）。

That's how ～（そのようにして～） 比較〉**This is how** ～（このようにして）

486. slow learner

(a) 英語を習得するのに，健介は平均的な生徒よりもずっと多くの時間がかかった。

(b) 健介は英語を覚えるのに時間がかかった。

① **It takes** ㊅ 時間 **to** 原形（㊅が～するのに…の時間がかかる）

② slow learner（覚えるのが遅い人）

487. to live happily

(a) 十分なお金をもっているため，彼は幸せに暮らしている。

(b) 十分なお金が，彼が幸せに暮らすのを可能にしている（→ 十分なお金のおかげで，彼は幸せに暮らすことができる）。

enable ㊅ **to** 原形（㊅が～するのを可能にする）⇒ 無生物主語の表現（→ **321** 解説参照）で用いられることが多い。「…のおかげで㊅は～できる」のように訳すことが多い。

488. he had eaten, before

(a)「きのうは食べすぎた」とジェームズは私に言った。

(b) 前日は食べすぎたということをジェームスは私に言った。

① 人の発話内容を伝える方法にはふたつある。

直接話法：実際の言葉を引用符（“　”）を用いて表す。

間接話法：話し手自身の言葉に置きかえて，その内容を that 節などを用いて表す。

② 話法の言いかえでは時制に注意する。

③ 間接話法では，話題の中心になっている過去の一時点（「ジェームズが私に言った」時）よりもさらに以前のこと（「食べすぎた」）は過去完了（**had** 過去分詞）で表現する（大過去）。

④ 直接話法：yesterday（きのう）⇒ 間接話法：**the day before**（その前日）

489. he would, next [following]

(a)「あすその宿題を終える」と彼は言った。

(b) 翌日にその宿題を終えるということを彼は言った。

① 時制の一致に注意して，will を would にする。

② 直接話法：tomorrow（あす）

⇒ 間接話法：**the next [following] day**（その翌日）

比較〉直接話法		間接話法
"this"	⇒	that
"here"	⇒	there
"now"	⇒	then
"today"	⇒	that day
"～ ago"	⇒	～ before

490. (You) had better not say (that.)

(a) そんなことを言うと，問題になる。

(b) そんなことは言わないほうがいい。

had better 原形（～するのがよい）の否定の形は **had better *not*** 原形（～しないほうがよい）⇒ not の位置に注意。→ **100** 参照

491. (He) told me that he was (glad to see me.)

(a)「あなたに会えてうれしい」と彼は私に言った。

(b) 私に会えてうれしいということを彼は私に言った。

この問題では次のように言いかえることを忘れないようにしよう。

直接話法		間接話法
"I"	⇒	he
"you"	⇒	me

***be* glad to** 原形（～してうれしい）

492. (Mr. Johnson) has been learning Japanese for (three years.)

(a) ジョンソンさんは３年前に日本語を習い始めた。

(b) ジョンソンさんは３年間日本語を習い続けている。

have [has] been -ing（ずっと～し続けている）〈現在完了進行形〉は，過去のある時から現在にいたるまでの動作の継続を表す。

493. (I) am sure of his success.

(a) 彼が成功すると私は信じている。

(b) 彼の成功を私は確信している。

***be* sure of ～**（～を確信している）

494. What surprised me was (his hairstyle.)

(a) 彼の髪型に驚いた。

(b) 私が驚いた[私を驚かせた]のは彼の髪型である。

what は先行詞を含む関係代名詞で，「～こと・もの」の意味を表す。the thing(s) which に置きかえるとかわりやすい。→ **418**, **441** 参照

surprise は「～を驚かせる」の意味。

p.56

並べかえ

495. (Please) remember not to (pass through the park) on your way home (from school.) [when が不要]

remember to 原形（～することを忘れない，忘れずに～する）

⇒ not は to の前に置く。

496. Cleaning (the two rooms) was too much for us. (We had no time) to (play in the afternoon.) [enough が不要]

too much for ～（～にとって荷・負担が重すぎて）

497. How many more hours will it take you (to finish the work?) [before が不要]

It takes ㊇ 時間 **to** 原形（㊇が～するのに…の時間がかかる）

498. In Western (countries) it is believed that breaking a mirror brings bad luck. [comes が不要]

It is believed that ～（～と信じられている）

「鏡を壊すことが不幸をもたらす」と考える。

499. I would like to know how to help people who are in trouble in that (country.) [tell が不要]

***be* in trouble**（困っている）

p.57

500. (Grandmother told) me to eat (as) much as I wanted (while we were having dinner.) [food が不要]

food を用いると空所が足りなくなる。eat much だけでよい。

tell ㊇ **to** 原形（㊇に～するように言う）

as 原級 **as S + V**（S が V するだけ～）　比較〉as 原級 as S can（S ができるだけ～）

501. It was very kind of you to look after my dog while I was on my trip.
［下線部が不足］

「～してくださって，ありがとう」→「～してくれて，あなたは親切だ」と考える。
It is 形容詞 of ㊇ to 原形（～するとは，㊇は…である）→ **161, 187** 解説参照

502.（I want to know）what life in the country is like.

①「田舎暮らし」は田舎の中での生活だから，life in the country と表現し，これを間接疑問の節内の主語にする。
②「*A* はどんなようすか」は，疑問文では What is *A* like? と表現するが，間接疑問の文は〈疑問詞＋ S ＋ V ～〉の語順にするため，what *A* is like の語順にする。

503. He is such a hard worker that he will get good marks in history.
［下線部が不足］

such a/an 形容詞＋名詞 that ...（とても～な＿＿なので…）は頻出なので必ず覚えよう。→ **422** 参照
「いい点を取る」は get good marks と表現するとよい。

504. Teachers are glad to have their old students visit them.

***be* glad to 原形**（～するのがうれしい）
have O 原形（O に～してもらう，～させる）

505. What to do with the money is a difficult problem.

what to do（何をするか），with ～（～で）

506. She is too bright not to succeed in the exam.

直訳は「彼女はその試験で成功しない（＝失敗する）にはあまりにも優秀すぎる」，つまり「優秀すぎるので成功しない（＝失敗する）わけがない」
too ～ to 原形（～すぎて…できない）の応用パターン。

507. You have to learn the right way to use a（knife and fork.）［下線部が不足］

the way to 原形（～しかた，～する方法）

508.（You）should have come a few minutes earlier.［下線部が不足］

should have 過去分詞（～するべきだったのに〈実際はしなかった〉）

p.58

509. We all hope for his success.

for に注目する。for とのコンビネーションで用いることができるのは，ここでは hope のみ。

hope for ～（～を希望する，～を求める）

〈hope / want / expect の用法〉

	+ for ～	+ to 原形	+人 to 原形	+ that ～
hope	○	○	×	○
want	×	○	○	×
expect	×	○	○	○

510. I hear the fire broke out in the convenience store opposite the theater (yesterday.)

break out（〈火事・戦争などが〉起こる）

I hear ～（～らしい），**opposite**（～の反対に）

511. I was so surprised that I could hardly speak.

① **so** ～ **that ...**（とても～なので…）

② **hardly**（ほとんど～しない）⇒ 文中の位置は，never や always などと同様に，一般動詞の前，**be** 動詞・助動詞の後ろに置く。

③「口を利く」の意味では speak が自然。

512. How careless of you to injure your finger in the door!

① It was careless of you to injure your finger in the door. の感嘆文ととらえるとよい。→ **126**, **518** 参照

② wound [wuːnd] は「(武器・兵器などで) 外傷を与える」，damage は「(物を) 傷つける」という意味なので，ここでは injure（〈身体を〉傷つける）が自然。

Part 2 英作文編 レベル 1

p.61

和文英訳

513. What is the language spoken in India?

「インドで話されている言葉」はthe language spoken in Indiaと表現する。過去分詞が単独で名詞を修飾する場合には，その名詞の前に置き，ほかの語句を伴う場合はその名詞の後ろに置く。この問題の場合はin Indiaをいう語句を伴うため，spoken in Indiaが後ろからlanguageを修飾している。「インドで話されている」と明確に特定されているため，languageにtheをつける。

【英作文の鉄則①】前置詞の使い方 / 冠詞（a/an, the）の使い方

例1）「ポルトガル語がブラジルで話されている」（受動態で）

× Portuguese is spoken by Brazil.

○ Portuguese is spoken **in** Brazil.

「ブラジルで」は,「ブラジルに（よって）」ではなく,「ブラジル（国内）で」の意味。

例2）「太陽は東から昇る」

× Sun rises from east.

○ The sun rises **in** the east.

天体や方角などひとつしかないと考えられるものにはtheをつける。「東から」だからと言って，fromを使わないように。「東（の方角）に」と考えるとよい。

比較〉× School begins from 8:20. ⇒ ○ School begins **at** 8:20.

（学校は8時20分から〈→8時20分に〉始まる）

例3）「けさ写真を撮った」

× I took picture in this morning.

○ I took **a** picture [(some) pictures] this morning.

pictureは数えられる名詞なので，基本として単数形で冠詞（a/an, the）を用いるか，複数形で用いる。「朝に（午前中に）」は*in* the morningと表現するが，this morning（けさ）やlast night（昨夜）などは副詞句として用いられ，yesterdayやtomorrow, tonightなどと同様に，前置詞をつける必要はない。

514. I want [I'd like] to read a book written in English.

「英語で書かれた本」はa book written in Englishと表現する。**513**と同様に，過去分詞（written）がほかの語句（in English）を伴って，名詞（a book）を後ろから修飾している。英語で書かれた本は世の中にたくさんあり，「英語で書かれた」だけでは特定しているとは言えないので，冠詞にはaを用いるのがよい。

515. Who broke the window(s)?

「だれが～する（した）か」は Who＋動詞～? の形で表す。疑問詞 who が主語の場合，単数として扱うので，現在形なら３・単・現の s をつけるのを忘れずに。

例）Who teaches you math?（だれがあなたがたに数学を教えているのですか）

【英作文の鉄則②】「３・単・現の s」に気をつける！

例1）「祖父はいつも早朝小川沿いを散歩する」

× My grandfather always take a walk along the stream early in the morning.

○ **My grandfather** always **takes** a walk along the stream early in the morning.

always や sometimes などの副詞が入ると，「３人称・単数・現在の s」をうっかり忘れることがあるので注意！

例2）「読書は人生を豊かにする」

× Reading books make your life rich.

○ **Reading** books **makes** your life rich.

動名詞や to 不定詞，疑問詞で始まる句・節が主語になるときは単数扱い。books は主語ではないので，複数扱いしないように注意しよう。

516. Let's play tennis if you are not busy tomorrow.

〈条件〉を表す if や〈時〉を表す when，before などが導く副詞節の中では，未来の内容を will を用いずに表現する。

【英作文の鉄則③】時制

例1）「あす雨ならば，家で DVD を見ましょう」

× Let's watch DVDs at home if it will rain tomorrow.

○ Let's watch DVDs at home *if* it **rains** tomorrow.

if〈条件〉や when〈時〉が導く副詞節の中では，未来の内容であっても will を用いずに表現する。

例2）「彼女はすぐに出発すると私は思ってました」

× I thought she will leave soon.

○ I *thought* she **would** leave soon.

thought（過去形）に合わせて，「時制の一致」で，will ではなく would を用いる。

517. I haven't finished [done] my homework yet.

「まだ～していない」は現在完了〈完了〉で表現する。not ～ yet の形で「まだ～していない」という意味になる。動詞は，finish の代わりに do を使ってもよい。

518. How kind she is to take care of Bob! / How kind she is to look after Bob!

感嘆文には What と How で始める２通りの言い方がある。

How 形容詞 / 副詞 S + V ～!　　（なんて…なんだろう）

What（a/an）形容詞＋名詞 S + V ～!　（なんて…な＿＿なんだろう）

「～の世話をする」は take care of ～ または look after ～で表現する。

519. I'm afraid of snakes.

be afraid of ～（～を恐れる）

520. You had better not eat between meals.

「～しないほうがよい」は had better not 原形

よくある間違い　×had *not* better / ×had better not to 原形

「間食する（＝食事と食事のあいだに食べる）」→ **eat between meals**

521. I asked Hanako to show me the pictures of her family.

「㊇に～してくれと頼む」は，ask ㊇ to 原形 で表せばよい。

「㊇に物を見せる」は，show ㊇ 物〈第４文型〉

522. We have known each other for more than ten years.

「10年以上の知り合い」ということは「ずっと知っている」ということを意味するので，現在完了〈継続〉で表現する。know は目的語が必要な動詞なので，×We have known for more than ten years. は不自然。

523. The story told by my grandfather made me sad.

無生物（The story）を主語にして表現するとよい。または，I was very sad to hear the story (that) my grandfather had told me. などと表現してもよい。

524. I want [I'd like] to know where to learn [where I should learn] dancing.

「どこで～したらいいか・すべきか」where to 原形

p.62 ———

525. I asked him which book to read.

「どちらの *A* を～すべきか」which *A* to 原形

526. It is impossible [It isn't possible] for him to read the book.

It で始めるという条件があるので，It is impossible [It isn't possible] for ㊇ to 原形（*A* には～することができない）の形を用いるとよい。この場合，it は形式主語。

527. What a good soccer player your brother is!

感嘆文 → **126** 解説参照

528. **Jane went out of the room without saying a word. / Jane left the room without saying anything.**

「～を出ていく」go out of ～,「～せずに」without -ing,「何も言わずに」without saying anything / without saying a word

529. **Tell me what you want to eat for dinner.**

「～を教えて」は Tell me ～ を使う。teach を使わないように注意しよう。teach は学科や方法などを教える場合に用いる。

530. **They say [I hear] (that) she is very honest.**

①「～だそうだ」は，They [People] say (that) ～，I hear (that) ～のほかに，It is said that ～ を用いても表現できる。

② honest（正直な）の h を発音しない。　参考〉Meg is an honest girl.

531. **Could you tell me how to get to the station? / Would you show me the way to the station?**

①「～を教えてしてくれませんか」 Would [Could] you tell me ～?

② show は「（地図を使ったり手で指し示したりして）教える」

③「～への行き方」は how to get to ～/ the way to ～ の２通りの表現がある。

532. **Are you interested in studying science?**

be interested in ～（～に興味がある）⇒ 前置詞（in）の後に動詞を続ける場合，動詞を動名詞（-ing 形）にする。

【英作文の鉄則④】動詞の使い方や主語と動詞の関係に要注意！

例1）「私は数学がおもしろい」

× I am interesting to math.

○ Math is interesting to me.

比較〉I am interested in math.

例2）「その忠告は私にとって役に立つでしょう」

× The advice will 　 useful to me.

○ The advice will **be** useful to me.

useful は動詞ではなく形容詞なので，助動詞（will）だけでは文が成り立たない。

例3）「この本は簡単に理解できます」

× This book can understand easily.

○ You can understand this book easily.

understand は「物（→無生物）」を主語にしない。

533. Have you ever been to Kyusyu?

①「いままでに～したことがある」⇒ 現在完了・経験で表現してみよう。

② have been to ～（～へ行ったことがある）〈経験〉（～に行ってきたところだ）〈完了〉

比較〉have gone to ～（～へ行ってしまった〈いまここにいない〉）〈完了〉

Have you ever visited Kyusyu? と表現してもよい。

534. That mountain will be covered with snow next month.

***be* covered with** ～（～でおおわれている）

535. This is the coldest weather (that) I have ever experienced.

「こんな寒さは初めてだ」→「私がいままで経験したうちで最も寒い天気」と考えよう。

536. Don't speak until [till] you are spoken to. / You must not speak until [till] you are spoken to.

①「口を開く」→「言葉を発する，話す」と考えて，speak を用いるのがよい。

②「話しかけられる」は **speak to** ～（～に話しかける）の受け身で，***be* spoken to**

③ ここでは，「話しかけられるまでずっと」（継続）なので，until [till] を使う。

537. Can you give me something cold to drink?

①「～をくれませんか」Can you give me ～?

Would you や Could you を用いれば，さらにていねいな表現になる。

②「何か冷たい飲み物」something cold to drink

p.63

---

538. I want you to finish reading the novel after dinner.

「(私は) 君に～してほしいと思っている」 I want you to 原形

539. Nagoya is one of the biggest cities in Japan. / Nagoya is among the largest cities in Japan.

「最も～な…のひとつ」は，**one of the** 最上級＋複数名詞 を使うとよい。one of の代わりに among を用いても表現できる。

540. I told her not to be late.

tell ㊇ not to 原形（㊇に～しないように言う）

541. I think (that) it is important to learn a foreign language. / I think it important to learn foreign languages.

that 節を使って形式主語の it を使って表現するパターンと，第５文型で形式目的語 it を使って表現するパターンが考えられる。どちらの場合も it は to learn ～を指す。

542. I was spoken to by a stranger at the station.

「話しかけられる」*be* spoken to → **536** 参照

543. How will the weather be tomorrow? / What will the weather be like tomorrow?

×How will be the weather tomorrow? の語順は誤り。疑問詞の疑問文なので，〈疑問詞＋助動詞＋主語＋動詞 ～?〉が基本形。たとえば，×Where do live you? が誤りであるのと同じ考え方である。なんとなく感覚で答えて will be としないこと。

544. These questions were so difficult [hard] that I couldn't answer them.

so ... that *A* **can't** ～（とても…なので，*A* は～できない）

比較〉These questions were **too** difficult *for* me **to** answer.

545. Is that dog going to be taken care of by Mary (from now on)? / Will that dog be looked after by Mary (from now on)?

take care of ～ ＝look after ～（～を世話する）を受動態にする。その場合，be taken care of, be looked after のそれぞれ下線部を落とさないように注意。

546. Was he given this watch by his uncle for his birthday? / Was this watch given to him by his uncle for his birthday?

547. I was too nervous to answer the question. / I was so nervous that I couldn't answer the question.

①「とても～なので…できない」は2つの表現 so ～ that 人 can't 原形 と too ～ (for 人) to 原形 をきちんとマスターしよう。

② 日本文をしっかり確認して，時制を見極め，過去形（was / could）で表現しよう。

548. How many times do you change trains to come [get] to this school?

How many times ～?（何回～しますか），change trains（電車を乗り換える）

549. How many times have you been abroad so far?

abroad（外国へ）は副詞なので，前置詞 to などは不要。×have been to abroad

p.64

550. His car is better than mine.

比較級と所有代名詞を適切に用いること。

551. What is this flower called in English? / What do you call this flower in English?

受動態で表現しない場合は，主語を you にするとよい。

552. The writer is more popular in Japan than in America [the US (A)].

The writer is popular in Japan. という文を元に，比較級の文を考える。

553. ① **This is the house in which we lived three years ago.**
② **This is the house (which [that]) we lived in three years ago.**
③ **This is the house where we lived three years ago.**

We lived in the house three years ago. という文を元に考える。
① では which は省略できず，また代わりに that を用いることもできない。
③ **関係副詞 where** を用いて，in が用いられていない点に注意。

554. **You should read as many books as possible when you are a student. / You should read as many books as you can while you are in school.**

555. **Do you know what he is going to [he will] be in the future?**

what 以降は間接疑問なので，とくに語順に注意する。in the future（将来〈に〉）

556. **We were told not to use cell [mobile] phones at school.**

tell Ⓐ **to** 原形 **（人に～するように言う）**の不定詞を否定にして，tell Ⓐ not to 原形（人に～しないように言う）にし，それをさらに受け身の形で表現する。***be* told not to** 原形 **（～しないように言われる）**

557. **I am very hungry because I haven't eaten [had] anything since yesterday.**

be starving, *be* starved なども「腹ぺこである」の意味を表す。

558. **A girl (who was) wearing a big hat sat in front of us.**

分詞（wearing）以下が直前の名詞（A girl）を後置修飾している。

559. **Do you know how many languages are spoken in Europe? / Do you know the number of languages spoken in Europe?**

「いくつの言語が話されているか」のように間接疑問で表現するほうがわかりやすい。

560. **Which way do you think she went?**

Do you think（あなたは思いますか）と Which way did she go（彼女はどちらの道を行きましたか）を組み合わせた文。× Do you think which way she went? では誤り。Yes / No では答えられないので，which way を文の先頭に移動する。
比 較〉**「知っていますか」と「思いますか」では語順は異なる！**
Do you know which way she went? ⇒ Yes / Noで答えられる疑問文なので，Do you ～? の形で OK!

561. **I can't go shopping with you because I have a lot of homework (to do). I would like you to help me with it [my homework] if you are free [have nothing to do]?**

「時間があるなら」は「することがなければ」などと言いかえて考えてもよい。

p.65

562. **I have been here for about ten months. / It is [has been] about ten months since I came here.**

現在完了〈継続〉の用法をしっかり確認しておこう。

563. **My bag is not as big [large] as yours.**

not as 原級 **as** *A*（*A* ほどには～ではない）

564. **I was taking a bath when you called (me).**

take a bath（風呂に入る）→ **263** 参照

565. **But I couldn't take a picture [any pictures] because there were a lot of fans there.**

take a picture（写真を撮る）

566. **The man (who is) playing volleyball with the children is my father.**

「子どもたちとバレーボールをしている男の人」は，現在分詞を用いて後置修飾の構造にする（または関係代名詞を用いて表現する）。

p.66

567. (1) **According to the weather forecast, it will snow heavily in Nagano this Friday. / The weather forecast says (that) it will snow heavily in Nagano this Friday.**

(1) **according to** ～（～によると）無生物を主語にして say を用いても表現できる。

(2) **why don't we go skiing this weekend / how about going skiing this weekend**

(3) **Shall I pick you up at noon / Shall I go to your house around noon**

(3) 車で迎えに行くと考えられるので，**pick** Ⓐ **up**（Ⓐを車で拾う）と表現するとよい。

(4) **It's a long way / It's very far from here**

568. (1) **I hear (that) you started [began] basketball at school.**

(1) **I hear** ～（～だそうだ）⇒ that は省略されることが多い。

(2) **He [My brother] says (that) it's not easy to be a good basketball player.**

(3) **Of course, all the other members can play better than I [me].**

Part 2 英作文編 レベル 2

p.67

和文英訳

569. The best way to learn [of learning] English is to go to [visit] the countries where it is spoken.

the way to 原形, the way of -ing の形で「～する方法, ～しかた」の意味。

570. I'm interested in English because it is one of the most important languages in the world.

be interested in ～（～に興味がある）

one of the 最上級＋複数名詞（最も～な＿＿のひとつ・ひとり）

571. As it is getting colder and colder, it is hard for me to get up in the morning.

比較級 and 比較級（だんだん～, ますます～）

572. The old castle in our city is so famous that many people who like history visit it every year. / The old castle in our city is very famous, and many people who like history visit it every year.

「とても有名なので」ととらえて, so ～ that ...（とても～なので…）を用いて表現してもよい。

573. It didn't stop raining until [till] the soccer game was over.

be over（終わる）, until [till]（～までずっと）, it stops raininig（雨がやむ）

574. Hurry up, or you'll miss [be late for] the last train. / Hurry up, or you won't catch [be in time for] the last train.

命令文 ～, or ...（～しないと, … / ～しなさい。そうしないと…）

575. *A:* **Do you know where the post office is?**
B: **Yes (, I do). Turn right at the second corner, and you'll see [find] it on your left.**

A 間接疑問を用いて表現する。

B 命令文 ～, and ...（～すれば, … / ～しなさい。そうすれば…）

576. Let's [Shall we] go home before it starts [begins] to rain.

「～しないうちに」→「～する前に」と考えて, before を用いて表現するとよい。

577. Would [Could] you lend me ten thousand yen? I'm a little short of money [I don't have enough money].

① **lend** 人 物（人に物を貸す）⇒ 人と物の語順に迷ったら，「人 優先」と覚えよう。
② **Would you ~? / Could you ~?**（～していただけませんか）
③ ***be* short of ~**（～が不足する）

p.68

578. ① **Our school is in the center of the town, and we can walk there within five minutes from the nearest station. / ② ~ , and it takes less than five minutes to walk there from the nearest station. / ③ ~ , and it is less than five minutes' walk from the nearest station.**

in the center of ~（～の中心に）
② **It takes** 時間 **to** 原形（～するのに…の時間がかかる）
③ の walk は名詞であることに注意。

579. The trip to America gave us the chance to learn about American people and culture.

give 人 物（人に物を与える）〈第 4 文型〉
「～する機会」は a [the] chance to 原形 で表現できる。

580. Since I had never visited the city [town], I didn't know which bus to take.

① 接続詞「～なので」は，Since の代わりに As や Because を用いてもよい。
②「その町に行ったことがなかった」は，過去完了・経験（hadn't＋過去分詞 / had never＋過去分詞〈一度も～したことがなかった〉），「わからなかった」は過去形で表す。

581. Many of my friends [Many friends of mine] belong to the softball team which [that] was founded ten years ago.

① **belong to ~**（～に在籍・所属している）
② found で「～を創設する」の意味を表す（found — founded — founded）。ほかに，establish や form，make などを用いてもよい。受け身で be＋過去分詞の形にする。

582. Do you know how well she can speak English?

「どのくらいじょうずに話せるか」の部分は間接疑問を使って表現する。語順に注意。

583. I haven't heard from (Mr.) Tanaka for the last [past] five years.

①「ずっと～していない」は，haven't＋過去分詞（現在完了・継続）で表現する。
② hear from ~（～から便り・連絡がある）

584. My daughter has studied [has been studying] English for three years, and she has made greater progress than I expected [thought].

①「勉強してきたが」とあるが，ここでは 逆接を表す but を使う必要はない。「3 年間勉強してきた。だから英語が上達した」と考えて，and のほうがよい。

② make progress in English（英語が上達する）を応用して，greatの比較級（greater）をprogressにつけるとよい。

③「私が思っていた以上に → 私の予想以上に」than I expected [thought]

585. It will take another 20 minutes [20 more minutes] to walk to the restaurant from here.

① **It takes 時間 to** 原形（～するのに…の時間がかかる）

②「さらに20分」は，another 20 minutesまたは20 more minutesで表現できる。

586. If a foreigner asks you about the history or culture of your country, you will learn how little you know. / You will find out how little you know when someone from another country asks you about the history and culture of your country.

①「問われると」は，「問われるとき」または「問われるならば」などと言いかえて考えるとよい。模範解答では能動態（「外国人が問うと」）で表現している。

②「無知さ加減」は，「どれほど知っていることが少ないか（how little you know）」，「どれほど知らないことが多いか（how much you don't know）」，「どれだけ無知であるか（how ignorant you are）」などと表現できる。

587. I'm too busy doing my homework to read books these days. / I'm so busy doing my homework that I have no time to read these days. / I have no time to read books because I am busy doing my homework now.

① have no time to 原形（～する〈時間的な〉余裕がない）や *be* too busy to 原形（忙しすぎて～できない）などを用いて表現するとよい。

② *be* busy -ing（～するのに忙しい）

③「最近」はthese daysでもよいが，nowで表現してもよい。

588. How much did it cost (you) to have your bike [bicycle] repaired [fixed]?

① **It costs** ㊇ **費用 to** 原形（㊇が～するのに…の費用がかかる）

② **have** 物 **過去分詞**（物を～してもらう）⇒「物を～される」の意味もあるので，注意。

p.69 ——————————

589. I caught a bad [terrible] cold, and I couldn't practice much.

catch [have] a cold（かぜをひく）

590. I am looking forward to hearing from her.

一見 難しそうだが，伝えるべき内容をきちんととらえれば，それほど難しくはない。

①「首を長くして待つ」はlook forward to ～ で表現すればよい。ただし，toは前置詞なので，続く動詞を動名詞（-ing形）にするのを忘れずに。

②「彼女から便りが来る」はhear from herと表現する。→ **583** 参照

591. Many people say (that) nothing is as [so] important as love [love is more important than anything].

①「多くの人が口にする」→「多くの人たちが言う (Many people say ~)」と考える。
②「*A* ほど~なものは（ほかに）ない」Nothing is as [so] 原級 as *A* ⇒ 原級を用いて最上級の意味を表すことができる。

592. Since a cell phone is a very useful tool, many people think (that) it is indispensable for daily [everyday] life.

① cell [cellular/mobile] phone（携帯電話），daily [everyday] life（日常生活）
② indispensable（欠くことができない）の代わりに necessary（必要な）や essential（不可欠の）などを用いてもよい。

593. These days we often see many people using their cell phone on the train (even) though they are told not to./ In spite of the fact that they are told not to use their cell phone on the train, we see many people doing that.

①「~にもかかわらず」は though または although を用いて表現する。
②「~しないよう言われている」*be* told not to 原形

594. My father often says [tells me] that play [playing] is as important as work [studying].

「*A* と同じくらい~」は as 原級 as *A* で表現する。

595. (1) We are going to meet at Nigawa Station at nine (in the morning.)
(2) (You) must call school when you are late.
(3) (We) are going to play games and sing songs with classmates.
(4) (so) bring your lunch and something to drink.

p.70

マナブ：やあ，トム！　今度の土曜日の学校遠足の準備はもうしたかい？
ト　ム：学校遠足？ そんなにすぐ遠足があるなんて知らなかったよ。どこへ行くの？
マナブ：うん，甲山だよ。
ト　ム：うわあ，いいね。
マナブ：朝（　　1　　）。君は（　　2　　）。
ト　ム：わかった。時間通りに行くよ。（甲山では）何をやる予定なの？
マナブ：いろんな楽しい活動をやるよ！　みんなで（　　3　　）。
ト　ム：楽しそうだね。
マナブ：山の上には，お店もレストランも何もないんだ，だから（　　4　　）。

(1) 集合場所と時間。「〜する予定である」を表す *be* going to を使うとよい。

(2) 遅れた場合の連絡方法。「〜したときは」の意味の接続詞 when を使おう。when 節の中は未来の内容であっても will を用いずに表現することに注意。

(3) 甲山でやること。ゲームと歌だけでは6語に足りないので，「クラス活動」を「クラスメイトと」と判断する。

(4) 昼食等の持ち物について。前の文で「(山の) 上のほうには店もレストランもない」という記述があるので，食事と飲み物を忘れずにもってくるように伝える。

596. (1) **What is the largest animal?**

A：おもしろいクイズがあるよ。やってみたい？

B：うん。

A：世界でいちばん大きい動物は何だ？

B：そんなの簡単だよ。答えはゾウだね。

A：いや。ゾウはクジラよりも小さいと思うよ。

(2) **It takes about fifty minutes.**

A：毎朝会社まで歩いているんだ。

B：本当に？　どれくらいかかるの？

A：だいたい50分くらいかな。

B：信じられない。長すぎる！　15分ではないの？

How long does it take?（どれくらい時間がかかる？）に対して，It takes 〜. と答える。時間については，Don't you mean fifteen?（15分ではないの？）と聞き間違いや言い間違いだと思えるような数字で，fifty とする。

p.71

(3) **I used to live there.**

A：今週の土曜日は金沢に行くんです。

B：それはいいですね。以前そこに住んでいました。

A：本当ですか？　僕，地図もってるんです。どこを訪れたらいいか教えてください。

B：えーっと，よくわかりません，僕が5歳のときに家族は別の町に引っ越したもので。

(4) **Did you enjoy yourself there?**

A：こんにちは，ジェーン，サンフランシスコの旅はどうだった？

B：ああ，とってもすてきだったわ。

A：楽しく過ごせた？

B：ええ。孫に会うために，娘の家におじゃましたの。

597. (1) **I had little time to sleep yesterday because I had a lot of homework [because of a lot of homework].**

時間は数えられない名詞なので，「〜がほとんどない」は little 〜 を使う。few は不可。

(2) **Look at the tall player standing by the bench.**

「ベンチのそばに立っている選手」player standing by the bench ⇒ 分詞 (standing) がほかの語句（by the bench）を伴って直前の名詞（player）を修飾している。

(3) **It will be difficult to walk there. / It is hard for us to get there on foot.**

「～するのは難しい」It is difficult [hard] to 原形
「歩いて（そこへ）行く」は walk there と表現する。there は副詞なので to などの前置詞は不要。

p.72

(4) **I want to know where to learn it.**

where to 原形（どこで～すればよいか）

598. (1) **He went to school from his house every day.**
(2) **He usually got back at almost the same time, but last Friday he came home from school very late.**
(3) **My teacher was angry and sent me to the headmaster after our lessons,**
(4) **Because she asked a question of the class and only I could answer it.**
(5) **Why didn't she send all the other children to him?**

ピーターは８歳半でした。毎日 家から学校へ通っていました。学校に行くとき，家に帰るとき，いつも歩きでした。彼はふだんだいたい同じ時間に帰宅しますが，先週の金曜日は学校から遅く帰ってきました。母親は台所にいて，帰宅した彼を見て言いました。「今日はなぜ遅いの，ピーター？」
「先生が怒って，授業後に僕を校長先生のところに行かせたんだ」ピーターは答えました。
「校長先生？　なんで？」母親は聞きました。
「だって，先生がみんなに質問をして，僕ひとりだけしか答えられなかったからだよ。ほかにはだれも答えなかったんだ」ピーターは言いました。
母親はとても怒りました。「どうして先生はあなたを校長先生のところに連れて行ったの？　どうして先生はほかの子たちを校長先生のところに行かせなかったの？」母親はピーターにたずねました。
「だって，先生の質問は『私のいすにノリを塗ったのはだれですか』だったんだ」ピーターは答えました。

文の流れを意識しながら，英文を読むことが大事。ピーターはなぜ帰宅が遅くなったのか，なぜ校長先生のところに連れて行かれたのかを考える。

(1) from his house（家から）

(2) at (almost) the same time（〈ほとんど〉同じ時間に） on time（時間通りに）
直後に母親が「今日はなぜ遅いの，ピーター？」と言っていることから，「いつもは遅くないが，今日は遅い」という文脈を推測する。

(3) send ㊅ to ～（㊅を～へ向かわせる）

(4) ask a question of *A*（*A* に質問する）

(5) all the other ～（その他の～すべて）

p.73

---

599. **Do you know what time he will be back? / Can you tell me what time he will come back?**

A：こんにちは。こちらはデイビッド・マクドナルドです。ブラウンさんはいますか？
B：すみません。ただいま外出しております。
A：何時に戻るかご存知ですか。
B：はい。スケジュールを確認させてください。ええと，５時ごろ戻るようです。

① *B* が「予定を確認させてください。５時ごろ戻る予定です」と答えていることから，*A* は「ブラウン氏が何時に戻るか」を聞いていることがわかる。

② *B* の言葉の最初にある Yes がもうひとつのポイント。*A* の質問は Yes / No で答えられる質問（Do you ～? / Can you ～? など）ではないかと考えられる。

600. (1) [解答例1] **Thus [In this way], we have more and more chances [opportunities] to experience the life and culture of foreign countries we don't know, and to get to know foreigners who come to Japan.**

[解答例2] **As a result, there are more and more chances to see the lifestyles and cultures in countries we don't know, or to meet people from other countries.**

「～する機会が多くなる」have more and more chances to 原形

(2) [解答例1] **People understand each other by telling others what we know or think. It is language that plays the most important role for us in that case.**

[解答例2] **We understand each other by telling others facts or our thoughts. What plays the most important role for us is language.**

「事実や自分の考え」は，what we know or think と表現してもよい。
「重要な役割を果たす」は play an important role で表す。

Part 2 英作文編 レベル 3

p.75

自由英作文

601. ［解答例1］ **I want to be an English teacher, because I like this language and I also like teaching. Hundreds of millions of people all over the world use English even though it is not their native language. I believe it is exciting to teach this useful language to promising youths. So, I do hope to realize my dream of becoming an English teacher.**（62語）

［解答例2］ **I have a dream of becoming a nurse, because I want to help people. I think it is very wonderful when patients thank me for what I do for them. When I see them bored of the life in the hospital, I'll talk to them as often as possible to make them happy. I just want to be such a kind nurse.**（62語）

将来何になりたいかをはじめに明確に述べてしまうのがよい。それから，その理由や具体的な将来像などを述べて，内容を展開する。しめくくりとして，はじめとは違う表現を用いて，将来の夢をを述べて終えるのもよい。

602. ［解答例1］ **I would like to go to Brazil. Brazil is the country where soccer is very popular. I want to see many players and games there. Though most famous Brazilian players go abroad to play as professionals today, I do believe it is very important to visit and see the country where they were born and raised and where they started to learn soccer when they were little children. That's why I want to visit Brazil.**

［解答例2］ **I would like to visit France. I'm very interested in art. Paris, the capital of France, is famous as a city of art. There are many art museums there. One of the most famous museums is the Louvre. It has a lot of important works from all over the world.**

自分が行きたい場所をはじめに明確に述べる。それから，その国の特徴や，訪れてみたい理由，具体例などを挙げて，内容を展開する。

603. ［解答例1］ ***I respect* Ichiro, a major league baseball player. Even though he had succeeded as a baseball player in Japan, he gave up his career and went to the United States in order to start his baseball career again.**（37語）

career（経歴）

［解答例2］ ***I respect*** **Haruki Murakami, a very famous Japanese writer. He has written a lot of novels since he was young. His works are loved not only in Japan but also in many foreign countries. Of course, I have also read most of his novels.** （44語）

604. **"Otoshidama" is a Japanese custom. Japanese children look forward to the New Year because they get "otoshidama." It is a good amount of money (in a small envelope) given to a child as a New Year present by his or her parents, grandparents, relatives or visitors. Children can buy anything they want with the money they've received.**

「お年玉は，両親や祖父母，親せきなどが正月に子どもにお金を与えるという習慣である」といった内容をまとめる。

p.76

605. ［解答例1］ ア

(*I'm looking forward to your visiting this spring vacation. When you are here, I really want to take you to*) Tokyo. In Tokyo, there are a lot of good places to visit. They have various kinds of shops, restaurants, museums, amusement parks, and so on. Especially, I'd like to take you to The Tokyo Sky Tree, the tallest tower in the world. I hope you'll enjoy staying with us in April. （51語）

～ and so on（～などなど），especially（とくに）

［解答例2］ エ

(*I'm looking forward to your visiting this spring vacation. When you are here, I really want to take you to*) Okinawa. Okinawa is a group of southern islands. It has a warm climate and many beautiful beaches. You can see many beautiful fish of many colors in the sea. And the traditional melodies of Okinawa are very different and unique. I hope you will enjoy staying with us. （48語）

climate（気候），unique（独特の）　　fish は複数形にしなくてよい。

606. ア ***This means*** **"a thousand cranes." People make a thousand paper cranes, and tie them on strings. It's usually a gift for a sick person as a prayer for good health.** （30語）

「折り紙でたくさんのツルを作って，病気の人などを励ますために贈る」とまとめるとよい。（必ずしも病気の人のためだけとはかぎらない）

イ ***This means*** **"carp streamers." The family with a boy or boys put the streamers up on a pole for Children's Day, hoping that the boy(s) will grow up strong and healthy.**（31語）

「子どもの日のために男児の成長を願ってこいのぼりを飾る」などとまとめるとよい。

607. ア **We can travel to a place far away very easily in a short time. We can also carry a lot of heavy things such as coal and logs on railways.**（30語）

過去と対比して，可能になったことを述べるとよい。

イ **It's easy to get information with computers, and we can buy various things we want on the Internet. We can even deposit money in an account through a net-banking system.**（30語）

コンピュータの利用によって可能になったことはほかにもあるので，いろいろ考えてまとめてみよう。

p.77 ———

608. ［解答例1］**"Shichigosan" takes place on/around November 15. Parents take their child to a temple or a shrine to celebrate his or her growth when he is five or she is three and seven. Children are given "chitose-ame," or long pieces of candy.**（41語）

［解答例2］**"Shichigosan" literally means seven, five and three. It is the Japanese custom of celebrating the growth of children. In November, three- and seven-year-old girls and five-year-old boys visit a temple or a shrine with their parents. They have pictures taken in kimono there.**（43語）

「七」「五」「三」が何を意味するのかを説明する内容を考えるとまとめやすい。

609. ［解答例1］**I went up the Eiffel Tower to look down at the Seine. I also went to the Louvre. I was very surprised at how large it was. I don't think I can see all the exhibitions in a week or two. Well, the weather here has been nice these days.**（50語）

［解答例2］**I was very surprised to know that there are so many museums here in London. I visited some of them. They are all interesting to me. It's been sunny since I came here. Every morning I walk in the park near my hotel and enjoy listening to the birds singing.**（50語）

解答例では具体的な内容を述べているが，「はじめての外国旅行でわくわくした」「飛行機の長旅は疲れた」などといった一般的な内容を盛り込んでもよい。

p.78

610. ［解答例1］**I will change the destination of the school trip from New Zealand to Kyoto and Nara. I think young people should become more interested in their own country, Japan. I'm afraid that Japanese young people show less interest in Japanese traditional culture, especially Japanese history, than youths in other countries.**

Another change I am planning to make is about club activities. I want our club activities to be much more active. Students can belong to more than one club. They can take part in the art club on Tuesday and Friday, and play tennis in the tennis club on the other weekdays. Besides, every student must belong to at least one club.

［解答例2］**If I am the principal of my junior high school, I will make it a requirement to participate in club activities. That means each of the students has to belong to a club, because we can learn many things through it. Moreover, I will also make Saturday School a requirement. Saturday School is an additional course in which students can learn more about what they study. They can practice the subjects they are not good at.**

「校長先生になったつもりで学校改革！」 夢のようなテーマですね。ふだんやってみたいと思っていること，こうであってほしいと思っていることに理由をつけて書いてみましょう。解答はほんの一例です。自由にアイデアを表現してみよう。

611. ［解答例1］**Waribashi(s) are disposable chopsticks. Before using them, we split (*wari*) and divide them into two sticks. After using them, we usually throw them away. Nowaways some people think waribashi(s) are a waste of wood and they use reusable chopsticks instead.** (41 words)

［解答例2］**Waribashi(s) are a pair of disposable chopsticks. They often come with a lunch box. They were often used even in restaurants before, but these days we might not see waribashi so often, because some people think they are a waste of wood and use reusable chopsticks instead.** (47 words)

disposable（使い捨ての）

612. ［解答例1］**While I am staying in New York, I want to visit many places. I'd like to go shopping, visit an art museum, or see an opera. I'd also like to have as many chances to speak English as possible. I'll try to make myself understood without your help when we are out together. Let me serve Japanese dishes to your family or your friends. I'm especially good at making tempura.**

［解答例2］**I like baseball, and I'm a member of the baseball team at my junior high school. If I have time, I want to go to the stadium to see some Major League Baseball games. I also like English, so I want to learn as much as possible at school.**

アメリカでのホームステイという内容なので，「英語の力を伸ばしたい」という内容は思いつきやすい。

p.79 ———

613. ［解答例］**Our school starts［begins］at 8:20. We have six classes from Monday through Friday and four classes on Saturday. We all wear school uniforms, so you also need to wear the same one. But you don't need to buy one. You can borrow one. Just let me know the size of your clothes.**（52語）

「8時20分から始まる」と考えて，×starts from 8:20 としないこと。「8時20分に始まる」と考えるとよい。

Let me know ～.（～を知らせてください）

614. ［解答例1］**I want to meet myself five years ago. I would tell *me* to study much harder so that I would be able to make my present life better.**（28 words）

［解答例2］**I would like to meet the man/woman who discovered how to make coffee, because I like coffee very much and want to say thank you to him or her.**（29 words）

もちろん自分の好きな歴史上の人物を挙げるのもよい。